みんなの ちきゅうカタログ

2 必要なものは、身のまわりにある YOU HAVE EVERYTHING YOU NEED

1 自分らしく生きる BE YOUR SELF

ソーヤー冒険隊長が
この本で伝えたい
5つのこと

\ ソーヤー冒険隊長とは /

地球でたのしくたくましく生きる
「パーマカルチャー」の冒険をして
いる男の子。なんでもつくり、ま
わりの人をまきこんで、自然とあ
そびながら生きている。チャーム
ポイントはアフロヘアー

3 すべてはそうぞうしだい YOU CAN CREATE WHATEVER YOU WANT

4 すべてはつながっている INTER-BEING

5 たのしんで生きる！ JUST HAVE FUN！

この本を手にした君へ

ハロー！
ぼくはみんなと地球でたのしい冒険（ぼうけん）がしたくって
仲間を集めるために、友達とこの本をつくったんだ
ぼくたちは自分が想像（そうぞう）している以上にすごいちからがあって
なんでもつくりだすことができる
だってぼくたちも地球の一部だから
でも、そのことに気づいてない人もいっぱいいる
この本がその可能性（かのうせい）に気づいたり、思いだすきっかけになればいいな
地球は大切なぼくたちの家
生きるために必要なものを与（あた）えてくれるかけがえのない星
だから地球のことをずっと大事にしたいし、もっと知りたい
地球があるから、ぼくたちは生きている

なの
カタログ

もくじ

みんなの
ちきゅうカタログ

＼ パーマカルチャーってなんだろう？ ／

パーマカルチャーは、地球のうえでたのしく生きるためのくらしの工夫のこと。これは世界中の先住民、農家の人、動物や植物たちがやってきたことをまとめたものなんだ。

----

1 地球を大事にすること

2 人を大事にすること（自分のこともね）

3 みんなで分かちあうこと、与えあうこと

どうすればこの３つが大切にできるのかな？
君もいっしょにパーマカルチャーの冒険をしよう。

食べる

edible

食べることは生きること

To Live is to Eat

ある国の小さな島にある「食べものの森」の話をしよう。
その森の地面には、イチゴやメロンがじゅうたんのように広がり
バナナやモモがぶらさがる果物のトンネルをぬけると
たわわに実るマンゴーの木がたくさん。
木からぼとっと落ちたら、やわらかく熟した合図。
食べるとまるであまいジャムのよう。
この「食べものの森」ではだれもがいつでもおなかいっぱい食べられるんだ。

この地球にいる生きものは、みんな食べることが大好き。
小鳥も人間も土のなかの虫たちも
食べもののまわりには自然と生きものが集まってくる。
食べものを見るとワクワクするのは、生きている証拠なんだよ。
ぼくたちのまわりは実は食べものであふれている。
こんな森、君のまわりにはないって？

それなら君がつくってしまおう。
大きな森じゃなくても
小さな食べもの畑からでいいんだ。
どんな森も、はじめは
小さな芽から生まれるからね。

食べもの畑をつくろう

Grow a Garden

君はお腹が空いたら
どうやって食べものを手にいれる？
スーパーで買ってくる？
でも想像してみて。
自分で育てた色とりどりの野菜や果物が実る畑。
花がゆれてミツバチはミツを吸いに
小鳥も遊びにやってくる。

そんな場所を
君もつくることができるんだ。
食べものはお店で買うことも
見つけることも
自分で育てることもできる。
でもせっかくなら全部やってみようよ！

食べもの畑は
君がほしいものを育てる場所。
お母さんにあげたいきれいな花
お父さんと工作できる作業場
友達とあそぶひみつ基地(きち)。
玄関先(げんかんさき)やベランダ
すぐできる場所からはじめてみよう！

食べもの畑をつくる 9つのレイヤー

森のすがたに学ぶ畑のデザイン

森をよく観察すると、9つの性格の植物のレイヤー（層（そう））でできていることがわかる。すごく背（せ）が高い木や、背の低い木。地面をおおう草や、地面のなかにいる根菜（こんさい）。そしてとっても小さな菌たちも。それぞれの性格（せいかく）や得意（とくい）なことを生かして、おたがいに助けあってくらしている。この9つのレイヤーの植物をうまく組みわせると、森のように人の手を加えなくても、自然と元気な植物が育つようになる。

キンコン菌（きん）（菌根菌（きんこんきん））と コンリュー菌（きん）（根粒菌（こんりゅうきん））って知ってる？

キンコン菌（きん）はほとんどの植物の根っこに住む菌。コンリュー菌（きん）はマメ科の植物の根っこに住む菌。この2つの菌は植物が育つために、とても大事な仕事をしている。植物の栄養となるリンや窒素（ちっそ）は土のなかや空気中にたくさんあるけれど、植物は自分たちのちからだけではその栄養を吸収しきれない。キンコン菌（きん）は菌糸（きんし）（菌（きん）を構成（こうせい）する糸状（いとじょう）のもの）を深く伸（の）ばし土のなかから、つぶ状（じょう）のコンリュー菌（きん）は空気中から、植物の栄養を取りいれているんだ。

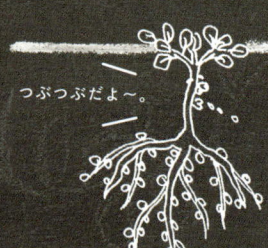

つぶつぶだよ〜。

街中探検（たんけん）！ コンリュー菌（きん）を探（さが）せ！

植物の根っこに住む「コンリュー菌（きん）」は意外と身近な植物にもひそんでいるよ。君の街にはいるかな？

1. 高木（こうぼく）
十分に光をあびて育った背の高い木（クリ、クルミなど）

2. 中木（ちゅうぼく）
約3〜6mほどの高さの木（リンゴ、カキなど）

3. 低木（ていぼく）
約3m以下の低い木（ブルーベリー、ローズマリーなど）

4. 草本（そうほん）
木にならない植物（トマト、キャベツなど）

5. グランドカバー
地をおおう植物（ミント、かぼちゃなど）

6. 根菜（こんさい）
食べられる根をはる植物（ジャガイモ、ニンジンなど）

7. つる
何かにからんで伸びていく植物（ブドウ、キウイなど）

8. 水草（すいそう）
水中に生きる植物（レンコン、ミドリムシ）

9. 菌類（きんるい）
朽ちた木や植物のかげで育つ生物（シイタケ、こうじなど）

WORK SHEET

家に食べもの畑をつくろう

工夫すればどんな場所も畑になる

必要なもの

| プランターに
なりそうな入れもの | カッターナイフ | 土 | 手
（またはスコップ） | 植物の種や苗 |

やってみよう

1 <u>設計図を描く</u> … 君のつくりたい食べもの畑の設計図を描いてみよう。どこにどんな植物を植える？

2 <u>プランターをつくる</u> … 身のまわりのものでオリジナルプランターをつくってみよう

3 <u>植える</u> … 植物にも好きな季節と苦手な季節がある。いっしょに植えると仲良くなる植物や
けんかする植物もいる。いつ、どんな植物をいっしょに植えればいいんだろう？

4 <u>観察しよう</u> … 1週間でどれだけ伸びた？　葉っぱはどんなかたち？　水をやらなければどうなる？

5 <u>肥料をつくる</u> … 毎日出る生ごみが、豊かな土の材料に変身

6 <u>収穫する</u> … とれたてをパクリ！　自分で育てたものってなんでこんなにおいしいんだろう！

ベランダの食べもの畑

かべ菜園
ペットボトルや牛乳パックでもりっぱな防水プランターになる！

植物のカーテン
直射日光をさえぎり部屋を涼しく保つので暑い時期は大活躍

手すり菜園
ベランダの手すりにプランターを引っかければ、太陽の光があび放題だ！

干し野菜、干し果物
野菜や果物を天日干しして、野菜チップスやドライフルーツに。あまくて栄養も満点だ

空中につるしたプランターからトマトが生えてくる!?

きのこ栽培
菌を植え付けた原木や菌床ブロックを日かげの涼しい場所に置いて育てる

ミミズコンポスト
生ごみや紙くずをミミズが分解して畑の肥料に。プラスチックのケースでもつくれる

リサイクル野菜
野菜の切れはしや種、根っこを水につけたり土に埋めるとまた生えてきて収穫できる

逆さトマト
虫がつきにくく、広い場所がなくても育てられる。底を切ったペットボトルもプランターに大変身！

身のまわりのプランター

卵のから

履けなくなったスニーカー

お父さんの大事なギター

こんな食べもの畑が街にもあればいいのになぁ。もしかしたら街のなかでも畑になるところがあるのかな!?

街なかにもなにか植えたい人は

P58 〜 61
「おとなにないしょで勝手に種をまこう！」へ

WORK SHEET

仲良しな植物コンビを探せ！

いっしょに植えるとおたがいのいいところを生かして、病気や虫から守りあい、元気に育つ仲良しコンビな植物、その名も「コンパニオンプランツ」。たとえばトマトとバジルは収穫したらピザやパスタもつくれるおいしさも抜群のコンビ。君も仲良しな植物の組みあわせを探してみよう！

1
バジルは半日かげが好きなので、背の高いトマトがちょうどいい日かげをつくってくれる

2
水をよく吸うバジルと、水が少ないとあまくなるトマトは相性ぴったり

3
バジルの香りが虫をよせつけない

4
使っていないカバンややぶれない袋は植木鉢に大変身！

コンパニオンプランツとは

いっしょに植えるといい影響を与えあう植物の組みあわせを「コンパニオンプランツ」という。病気や虫の被害にあいづらい、成長を促進する、風味をよくするといった作用がある。農薬を使わず自然のちからを利用するため、家庭菜園やプランターでの栽培におすすめ。科名の異なる植物をいっしょに植える（それぞれの特性を生かす）、背丈が異なる植物を植える（日光を奪いあわない）、育つ速度の違いを利用してスペースを有効活用するなど組みあわせを工夫するのも菜園の楽しみのひとつ。

コンパニオンプランツ図鑑

代表的なコンパニオンプランツのデータを解説！
得意技を生かして、仲良しコンビといっしょに育成してみよう

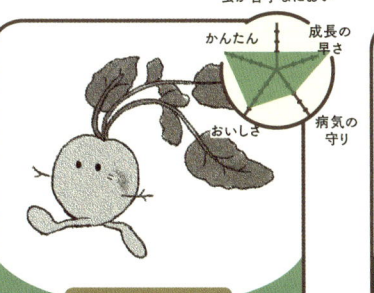

虫が苦手なにおい
かんたん　成長の早さ
おいしさ　病気の守り

ラディッシュ

品種：アブラナ科
得意技：キク科の植物を虫から守る！
性格：別名「二十日ダイコン」と呼ばれるほど成長の早い元気っこ

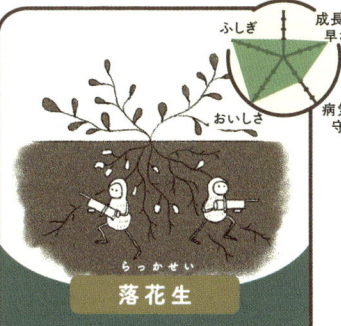

虫が苦手なにおい
ふしぎ　成長の早さ
おいしさ　病気の守り

落花生

品種：マメ科
得意技：コンリュー菌パワーで土に栄養注入！
性格：土のなかに潜って成長するミステリアスな子

虫が苦手なにおい
フレンドリー　成長の早さ
おいしさ　病気の守り

マリーゴールド

品種：キク科
得意技：センチュウ（根っこを腐らせる虫）退治！
性格：どんな植物とも仲良くできる人気者

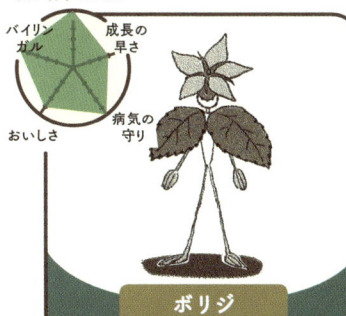

虫が苦手なにおい
バイリンガル　成長の早さ
おいしさ　病気の守り

ボリジ

品種：ムラサキ科
得意技：いちごがもっとおいしくなる呪文を唱える！
性格：受粉を助ける。ハチやアブとも仲良しなイケメン。イチゴが好き

虫が苦手なにおい
広がり　成長の早さ
おいしさ　病気の守り

リーフレタス

品種：キク科
得意技：アブラナ科の植物を虫から守る！
性格：ひなたぼっこが大好きなのんびり屋さん

虫が苦手なにおい
かわいい　成長の早さ
おいしさ　病気の守り

イチゴ

品種：バラ科
得意技：かわいいかたちとあまい香りでみんなを惑わせるハニートラップ！
性格：守ってもらいたいお姫様

どうして森はだれかが掃除(そうじ)しなくても、落ち葉や
動物の死がいでいっぱいにならないのだろう？
それは土のなかの微生物(びせいぶつ)が落ち葉や動物の死がいを分解(ぶんかい)して、
森にとって大切な栄養がつまった
土に変えているから。

いのちの変身

コンポストで生ごみを堆肥(たいひ)に変える

ごのなかから「放線菌(ほうせんきん)」を探(さが)せ！

そんな
自然のちからを
利用して、生ごみを
堆肥(たいひ)に変えるしくみが「コンポスト」。
生活のなかで出る生ごみをミミズや微生物(びせいぶつ)たちが栄養たっぷりの肥料(ひりょう)に変えて、
その肥料(ひりょう)で植物を育てる。そして、それをまたぼくたちが食べる。
ぼくたちもいのちが変身する"輪っか"の一部なんだ。

いのちの循環

① 落ち葉や木の実、枯れた草花が土に積もる

② 虫や動物の死がいも土に重なる

③ それを土にいる微生物（バクテリア）やミミズが食べて分解する

④ 分解されたものは植物を育てる栄養になり木々が元気になる

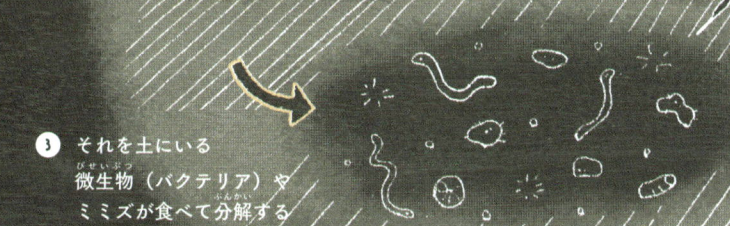

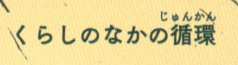
くらしのなかの循環

② 野菜の切れはしなど生ごみが出る

① 育てた野菜を食べる

③ コンポスト（ミミズや微生物のいる土を入れた箱）に入れる

④ コンポストのなかで分解が起こる

⑤ 生ごみが土になるときに出る液肥や堆肥は野菜が元気に育つ栄養になる

え!? おしっこが肥料になるって本当!?

健康な人のおしっこには窒素やカリウム、リン酸塩といった、植物に欠かせない養分がたくさん含まれているので、肥料の効果があると言われている。とくにミカンなどのかんきつ類はおしっこ好き。

みんなが集まる
おいしい畑

Gardening a Community

君がはじめた食べもの畑。
ほかにはなにがあれば
もっとたのしくなるかな？
友達も親も、近所の人や
学校の先生もまきこんで
みんなで畑をつくれば
もっと植物が育てられる。
畑の野菜が育ったら
ピザパーティーは
どうだろう？

足りない材料は
みんなで持ちよったり
宝探しのように
探すのもいいね。

近所のニワトリが
産んだ卵や
ミツバチが集めたハチミツ。
道ばたに生えてる雑草も
食べられるかもしれない。

オーブンはどうする？
もしかしたら
土からつくれるのかも！
つくりかたを
知っている人がいるか
まわりに聞いてみよう。
材料と道具がそろえば
パーティーのはじまり。

おいしい香りに
人がどんどん集まってくるよ。
君がはじめた食べもの畑。
そこはいつのまにか
みんなが集まる
おいしいひみつ基地に。
みんなでいっしょに食べると
もっとおいしくなるよ。

STORY

ようこそ、森と畑の教室へ

校舎うらに広がるみどりの森。校庭には色とりどりの野菜や果物や花を育む畑。東京都多摩市立愛和小学校では、さまざまな木々が生きる豊かな森と、校庭に食べられる大きな畑を教材に、"いのちのつながり"を学ぶ授業が行われている。みんなで野菜を育てて、みんなで食べること、ニワトリの世話や、森の観察をすることは、理科や国語、算数、社会などの学びにもつながっているんだ。観察し、手でさわってにおいをかいで、音を聴いておいしく食べる。森と畑の教室は、毎日たくさんの発見であふれているよ。

写真・鳥谷部 有子

1年生 生活科

2年生に教えてもらいながら、はじめての畑しごと！

2年生 生活科

夏野菜とさつまいも

苗植えから収穫、調理までを体験。収穫したらみんなで野菜パーティ！

コンポスト

畑の草や野菜の切れはし、卵のからも集めて、堆肥となったらまた畑へ……

6年生 社会 理科 家庭科

ジャガイモ

光合成の実験で育てるジャガイモは5種類。実験後は5種類のポテトチップスづくり！

5年生 社会 理科 家庭科

お米

地元の農家さんに教わりながら稲を育てる。田植えから、草取り、稲刈りまで全部手仕事です！

飼育小屋

畑のあいだを元気にかけまわるニワトリも大切な仲間

理科 **3年生** 国語 家庭科 社会

大豆

ひと粒から何粒になる？枝豆やみそ、とうふへすがたを変える大豆を育てて食べて体験する

4年生 理科

循環

ニワトリのお世話はいのちの学び。ニワトリのフンは土になっておいしい野菜を育てるよ！

東京都多摩市立愛和小学校の
グリーンプロジェクト

育樹と食育をつなげる独自の環境教育プログラムは、エディブルエデュケーションを取り入れ、森と菜園での体験を教科等の学習と関連させながら児童の主体性、協働性、問題解決能力を育てる授業に取り組んでいる

畑が教えてくれること

ある日、授業でいろんな種類の「大根」の種をまきました。

長いものや短いもの、細いものや太いものや赤い大根まで。

大根にも"個性"があるように、自然のなかにはなにひとつ同じものはありません。こどもたちは大根の名前をすべて覚え

好きな大根やおいしさのちがいを話すようになりました。

この授業では"みんなちがう"ことのおもしろさを

野菜が教えてくれたのです。

育てること、食べることはすごくたのしいし

学びがいっぱいあります。だから、みなさんには

おいしいものが大好きで、くいしんぼうでいてほしい。

食べることに探究心も好奇心も疑問も持っていてほしい。

それはいろんなことにつながっていきます。

そして、おとなはそれをサポートしましょう。

どんなにいそがしくても、食べることはちゃんとしましょう

こどもたちの未来を、こどもたちといっしょに

考えるおとながもっともっと増えること。

それは、おとなの未来のためにも、すごく大切なことなのです。

最後に、大地を守ってくれている農家さんとお友達になりましょう。

いのちのひみつをたくさん教えてくれて

生きることがたのしくなりますよ。

堀口博子 さん
（ほりぐちひろこ）

一般社団法人エディブル・スクールヤード・ジャパン代表、菜園教育研究者。『食育菜園 エディブル・スクールヤード』（家の光協会・2006年）、『アート・オブ・シンプルフード』（小学館・2012年）の翻訳編集などを手がける

みんなで育てて、みんなで食べる

自分たちで植えたい野菜を決めて、みんなで育てる。きらいだった野菜も自分で育てると
食べられるようになる生徒がたくさんいるんだって。

ガーデンイラスト
：内山涼湖

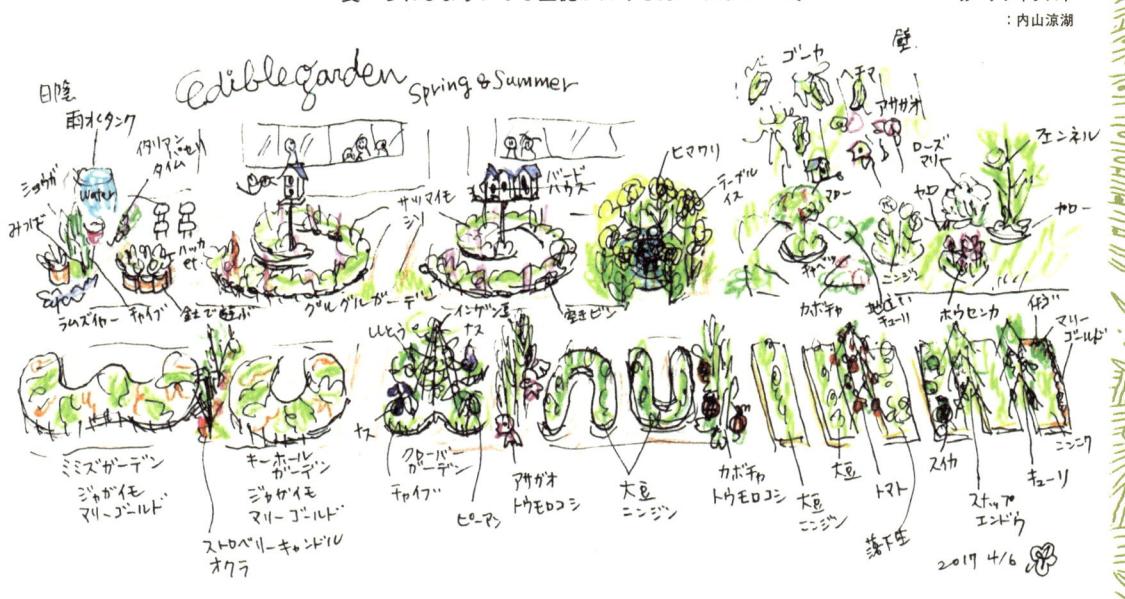

育てた小麦をひいてつくったピザ。畑の野菜もトッピング！

エディブル・スクールヤード

アメリカ・カリフォルニア州の公立中学校で始まった「食べられる校庭＝食育菜園（しょくいくさいえん）」をつくり必修（ひっしゅう）科目、菜園、キッチンの授業を一体として「いのちのつながり」を体験的に学ぶ教育プログラム。この教育を日本の学校に広める活動をしているの

が「エディブル・スクールヤード・ジャパン」の堀口（ほりぐち）さんとその仲間たち。先生や保護者、地域の方と協力しあいながら、「ともに育て、ともに食べる、いのちの教育」の場をたがやしている。

URL：www.edibleschoolyard-japan.org

パートナーとしての生きものたち

動物の習性を生かした畑づくり

森にたくさんの虫や動物がいるように、畑にもいろんな生きものがいるほうが、その場所はずっと豊かになる。畑の野菜が育つのを助けてくれたり、食べものだってつくってくれる。たとえば「ミツバチ」と「ニワトリ」はどんな習性があるんだろう？

卵を生む
↓
卵を分けてもらい食べることができる

土を引っかいて歩く
↓
畑をたがやす

虫を食べる
↓
多すぎる虫を減らしてくれる

フンをする
↓
畑の肥料になる

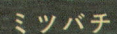

ミツバチ

植物のあいだを
飛びまわる
↓
受粉（じゅふん）を助ける

花のみつを集める
↓
ハチミツを
分けてもらう

蝋状（ろう）の体液で
巣をつくる
↓
ロウソクやクレヨンの原料の
ミツロウにできる

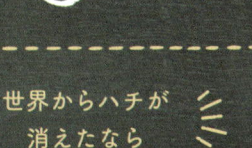

〉〉〉 教えて！ミツバチさん 〈〈〈

Q 好きなお花はなんですか？

A

「サクラ」や「ミカン」など山の花、「クローバー」や「レンゲ」など野の花が好きですね。春はみんなウキウキしています。小さくて吸いやすい花が好きです。……なんて、ツウっぽいですが、味にはあまりこだわりなくて質より量を求めちゃいます。なんせ家族が多いので。わたしたちはあまいみつの花畑を見つけたら、仲間に8の字ダンスで場所を教えます。

〉〉〉 世界からハチが
消えたなら 〈〈〈

もしミツバチがいなくなったら、なにが起こると思う？ミツバチが受粉（じゅふん）を助けている植物の実がならず、そうなったら世界の食料の半分以上がなくなってしまうんだ！ 今、そんな大事なミツバチの数がどんどん減っているんだ。どうしてだろう？

いただきますのお祈り（いの）

目の前のいのちと、つくってくれたすべての人へ

「いただきます」は、いのちをいただく前の感謝（かんしゃ）のお祈り（いの）。
食べる前にひと呼吸。心をこめて「いただきます」をしてみよう。

> 自分の言葉で
> お祈り（いの）を
> してみてね

この食べものを育ててくれた 自然のめぐみにありがとう。
農家のみなさんありがとう。
おいしいお料理ありがとう。
このいのちたちを、わたしを通して、もう一度咲かすことができますよう、
よくかんでおいしくいただきます。

作：辻かおり

道くさレシピ

野草茶

ヨモギやスギナなど、野草を日かげでパリパリになるまで乾燥させる。乾燥茶葉になれば、ポットにお湯を注いで飲んでみよう

> いろんな野草を見つけてきて、味やかおりをくらべてみよう！

鳥のランチ

種や木の実、果物も鳥の食べもの。鳥の好物が知りたければ別々の入れものに入れて、どれがいちばん先に空っぽになるか、調べてみよう！

ちきゅうたからさがし

? チョウは種類によって幼虫の食べる植物がちがう。モンキチョウの幼虫の好きな植物はなんだ？

? タネにアリの好物をくっつけて、もっと遠くまで運んでもらう植物はなんだ？

アリを探偵すると、タネを落としているかも……

ぼくたちはだれかに聞いたり、図鑑で調べたりできるけど、チョウはどうやって植物を探しているんだろうね。

なにが自分にはつくれるかな？

買う人からつくる人へ
From Consumer to Creator

今の社会はなんでも値段<ruby>ねだん</ruby>がついていて
ほとんどのものはお金を出せば買うことができる。
そして買えるものはかならず、だれかがどこかでつくってくれている。
たとえば今、君が着ている服もそう。だれかが編んだり縫ってくれているから
服として着ることができる。毎日食べているごはんも同じだよね。

もし、君が自分の服や食べものをつくることができたら
君のくらしはどう変わるかな？
どこにも売っていない、君だけのものを手にいれることができる。
自分でものをつくり、生きることは自分らしさを表現することだ！

君たちのなかには、たくさんの隠れたものすごい才能がある。
だから、どんどん自分でものをつくっていこう。

そうしたら
小鳥たちが自分の家を
つくれるように
君も自分の家を建てられる日が
きっとくるよ。

消費の本当のコスト
しょうひ

True Cost of Consumption

君が今日着ている服、どこでだれがつくったか知ってる？
もしその服が着られなくなって捨てたら、どこに行くのかな？
小鳥の巣は使わなくなれば、土にかえり、それがまた小鳥の巣をつくる枝や葉っぱを
育てる栄養になる。自然のなかでかたちを変えて、ぐるぐるとまわり続けている。

でも、ぼくたちのくらしのなかでは、ものがどこからやって来て、どこへ行くのか
よくわからなくなってしまった。もしかしたら、ぼくたちの見えないどこかで
だれかがずっとものをつくるために働きすぎていたり、ごみが増えて
こまっている人たちがいるかもしれない。

それなら自分でつくったり、いらなくなったらだれかにプレゼントするほうが
たのしそうじゃない？　小鳥の巣のように、めぐりつづける世界を
つくることはぼくたちにもできるはず。

自分たちで
やろう！

Do it
ourselves!

本当にほしいものは
自分たちにしかつくれないんだ。
自分がつくりたい世界を自分でつくれるように
なったら、ぼくたちの世界はどんなふうに
なっていくんだろう。

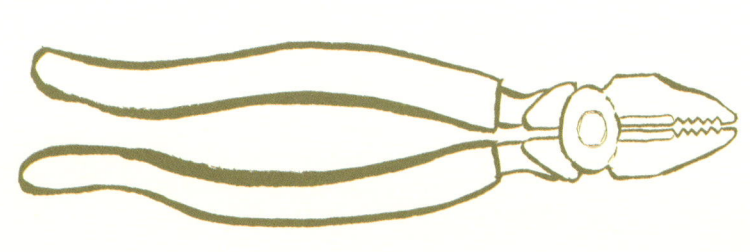

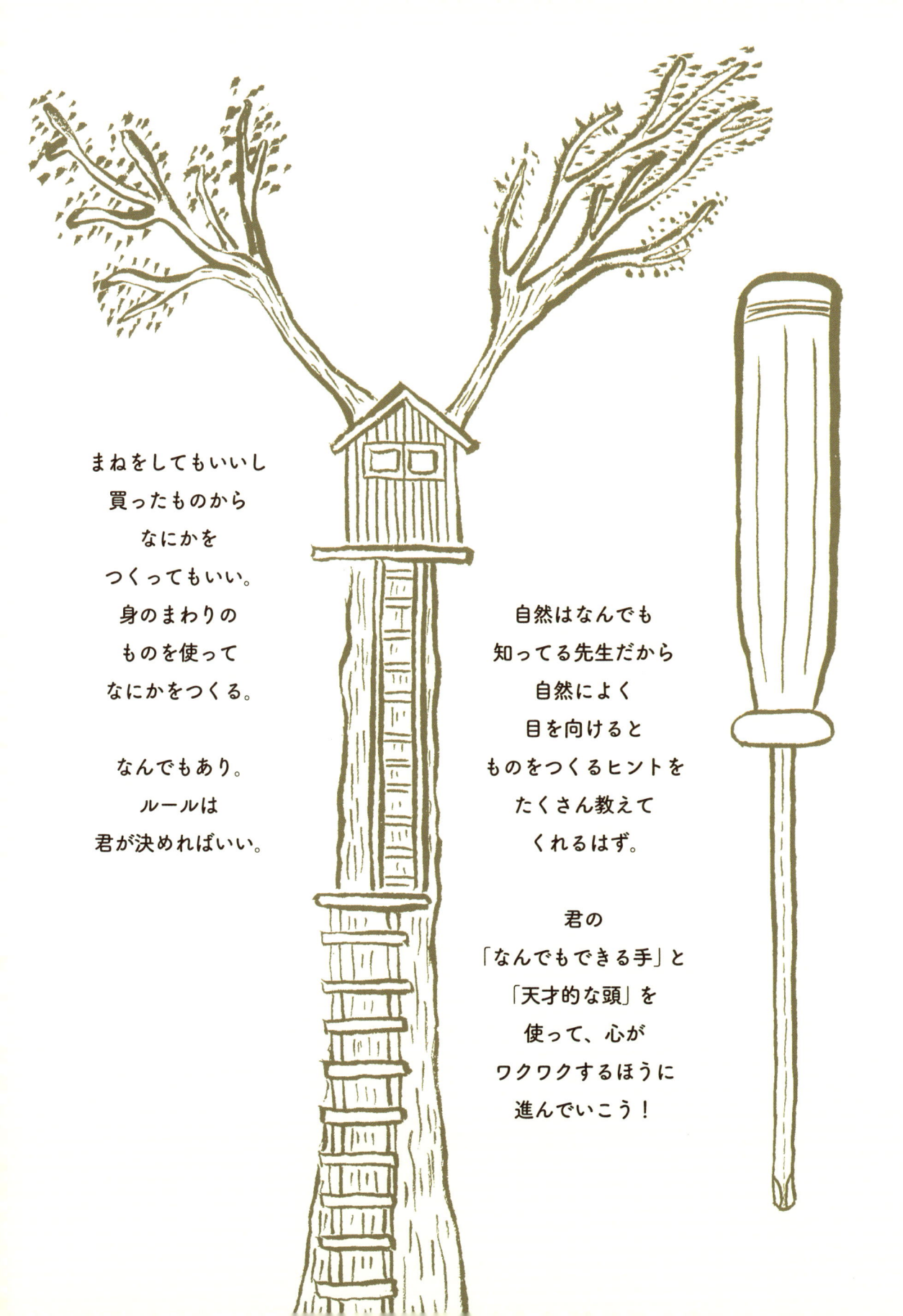

まねをしてもいいし
買ったものから
なにかを
つくってもいい。
身のまわりの
ものを使って
なにかをつくる。

なんでもあり。
ルールは
君が決めればいい。

自然はなんでも
知ってる先生だから
自然によく
目を向けると
ものをつくるヒントを
たくさん教えて
くれるはず。

君の
「なんでもできる手」と
「天才的な頭」を
使って、心が
ワクワクするほうに
進んでいこう！

とってもむずかしいので、たくさん練習がいるよ

棒を板に押しあて回すと、棒と板の削れた「粉」がたまる。この粉からもくもくと煙が出るころ、粉が「火種」になる

火種をしっかりと枯れ草でつつみ、下から吹く。発火!

必要なもの

杉の板

枯れ草

乾いたセイタカアワダチソウの棒

魔法の使いかた

木の枝で火を起こす

火おこしは魔法のようだ。まっすぐな木の棒を両手ではさみ、板に押しつけ回す。木の屑がたまり赤くさらめく火種ができたら、やわらかな枯れ草に包み長い息を吹きかける。もくもくと立ちこめる真っ白な煙。持てないほどに枯れ草が熱くなるころ、もくもくと緋色の炎が産まれる。ナイフ1本をぶら下げてぼくがひとりの修行をしていたとき、炎はいつも助けてくれた。寒く凍える冬の日には身体を暖め、汚れた水や生物を安全な食べ物へのと変えてくれた。

羽ばたくように助けてくれた。星々があまりに淋しく果てしなく、心細くさみしかった濃紺の夜。炎はめらめらと練習を起こす練習をずっと続けてきた。ぼくの顔を優しくオレンジ色に照らしてくれたんだ。だから、ぼくは火を起こす練習をずっとしていたから。もっと火をもらってもらっていたから。いつも助けてもらっていたから。もっと火と仲良くなりたかったから。

今日まですいぶん練習して、少しずつわかってきたことがある。
火を起こすとはつまり、太古の昔から伝わるヒトの技術を使い、
植物にこめられた太陽のちからを呼び起こすことをしなんだ。
宇宙を越えて、数十億年をかけて地球にとどされた太陽熱を解き放つ、
奇跡そのものを君の手が起こすんだ。

火おこしは、この世界をひとりで歩くための「はじめの一歩」。
火を扱うことは、この地球をつらぬく熱の魔法を知る旅だ。
いつか、自在に火を起こせるようになったとき、
君の心には勇気の炎が灯るだろう。それは棒や板がなくても、
君の生きざまを照らし、消えることのない松明の明かりだ。

さあ、旅に出る時がきた。
炎よ、行け。

●ティンダーさん
人間が地球をこわさないためにどうしたらいいかを考えて、1万年以上前のインディアンの技術から
ハイテクな3Dプリントまで学んだ。現在は鹿児島県の廃校にダイナミック工房という市民工房を創設

WORK SHEET

水を集める

蛇口をひねらずに水を確保する

水ってどこからくるの？

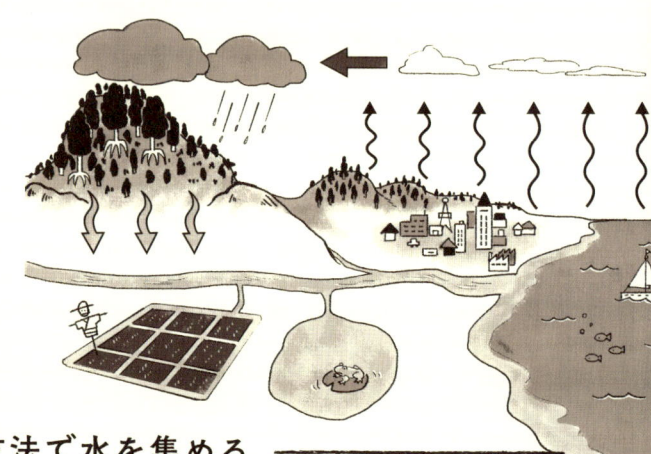

すがたを変えてめぐる水

生きるために欠かすことのできない「水」。水は「海」の蒸発と森の蒸散で「雲」ができて「雨」が降り、雨は土のなかにしみこんで地下水になったり、川から海に流れ、蒸発してまた雨が降る、という変身をくり返している。水道水は、川や地下水の水からぼくたちの家に届けられる。でもちょっと考えてみて。地球をおおう海も、植物やぼくたちの体のなかにめぐる水も、もとをたどれば空から降ってくる雨なんだ。

いろんな方法で水を集める

植物から水を集める

葉っぱのたくさんついた枝にビニール袋をかぶせて口をしばり、太陽にあてて置いておくと葉っぱから蒸発した水が袋の底にたまる。
※ この作用を「蒸散」という

朝つゆを集める

草のたくさん生えている場所を見つけたら、早起きして朝つゆを集めよう。足にタオルやハンカチを巻きつけ、草むらをひたすら歩きまわり、布にしみこんだ水をしぼって容器にためる。1時間に約1リットルの水が集められる。

川の水を飲んでみよう

必要なもの

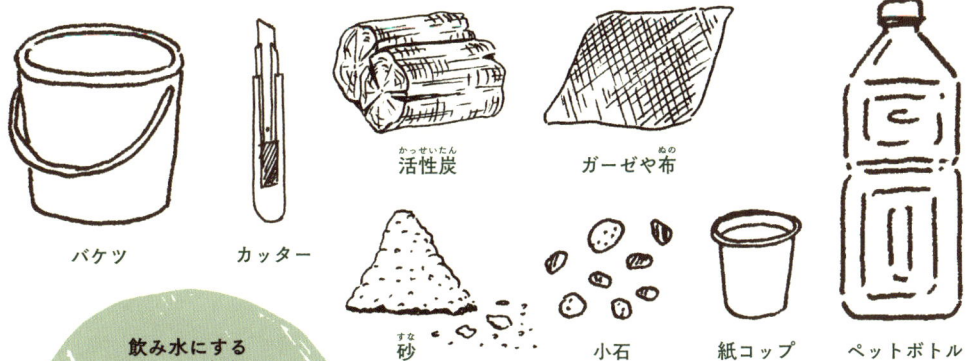

バケツ

カッター

活性炭(かっせいたん)

ガーゼや布(ぬの)

砂(すな)

小石

紙コップ

ペットボトル

> 飲み水にする
> ポイントは煮沸(しゃふつ)！
> くわしくは自分で
> 調べてみてね

やってみよう

1 バケツで川水をくむ
しばらく置いて砂や大きなごみを沈(しず)ませておく

2 ろ過(か)する
小石や砂(すな)をペットボトルに図のようにつめる。上から川の水を入れて3回以上ろ過(か)する

3 煮沸(しゃふつ)する
紙コップにろ過(か)した川水を入れ、火にかけて10分間煮沸(しゃふつ)して殺菌(さっきん)する

ろ過 …砂(すな)や小さな虫などの不純物(ふじゅんぶつ)を取りのぞくこと

煮沸 …沸(ふっ)とうさせ、熱で水を殺菌(さっきん)すること

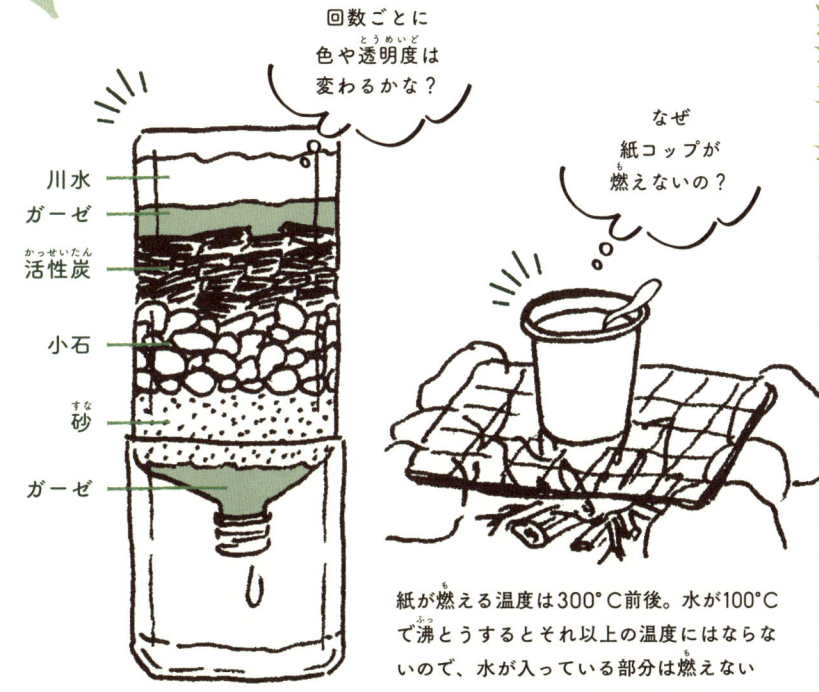

回数ごとに色や透明度(とうめいど)は変わるかな？

川水
ガーゼ
活性炭(かっせいたん)
小石
砂(すな)
ガーゼ

なぜ紙コップが燃(も)えないの？

紙が燃(も)える温度は300℃前後。水が100℃で沸(ふっ)とうするとそれ以上の温度にはならないので、水が入っている部分は燃(も)えない

電気とエネルギー
電気のなりたちと自家発電（じかはつでん）のススメ

照明やテレビ、冷蔵庫（れいぞうこ）にエアコン。あたりまえに使っているこれらの道具はすべて「電気」で動いている。電気はいろんなエネルギーがかたちを変えたもので、ほとんどは発電所で石炭や天然ガスなどを燃やして大量につくられている。電気ができて人間の生活は一見べんりになったように思えた。しかし、そのかわりにぼくたちは地球の限（かぎ）りある資源（しげん）を使いはたし、壊（こわ）し続けている。太陽の光、雨、風。ぼくたちのまわりは地球がくれた無限のエネルギーであふれている。「電気」もこのエネルギーを使って、自分でつくれるようになるとおもしろいよ。

バイオマス

風力

水力

天然ガス

太陽光

地熱

石炭など

原子力

自分の電気は自分でつくる！

自分たちがくらしのなかで使っている電気の量を知ってるかな？　まずは自分が使っている電気の量を調べてみよう。本当に必要な電気は何ボルト？

ソーラーパネル
太陽の光や明るい光を電気に変える装置

バッテリー
発電した電気をためておく装置

チャージコントローラー
発電した電気量を調整する装置

オフグリッドってなに？

オフグリッドとは、電線と家を切りはなし自分たちで使う電気を自分たちでつくりだすこと。家の屋根にソーラーパネルなどを取りつけ、太陽光を電気に変えることが多い。電力会社の電気を買わないから、電気料金はタダ。電気がない江戸時代は、太陽が出ているあいだに生活をし、太陽が育てた作物を食べていた。昔から太陽は生活のエネルギー源だった。

もっとエネルギーに
詳しくなりたい人は

P126-127
「自然エネルギー早見表」へ

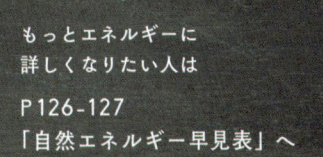

アースオーブンをつくる

土から調理器具が生まれる

土と砂とわらでつくる、まさに"地球"の一部から生まれたオーブン。
大地の素材（そざい）をかりて、使わなくなれば、また大地へかえす。
昔から世界中のあちこちで使われてきた、食べるための大事な道具。
君もこれで最高のピザを焼いてみない？

小さな
サイズからでもOK！
君のデザインも
考えてみよう

必要なもの

粘土質（ねんどしつ）の土

わら

砂（すな）

土台のレンガ

やってみよう

> 土をこねて、
> はりつけて、かためる！
> 調べてやってみてね

1 オーブン内部をつくる

レンガで土台を組む。その上に土と砂（すな）を合わせた山をつくり、あとで取りのぞくために新聞紙を貼（は）りつける

2 第1層（そう）をつくる

そのまわりに粘土状（ねんどじょう）の土の層（そう）をつくる。直射日光（ちょくしゃ）にあてずに乾燥（かんそう）させよう

3 第2層（そう）をつくる

土とわらを混ぜたもので、さらに外側（そとがわ）に層（そう）をつくる。雨にぬれないように1〜2ヶ月かけてゆっくり乾燥（かんそう）させる

4 ととのえる

オーブン内部の砂（すな）を取りのぞく。オーブンの表面や、入り口部分をととのえて完成！

ひみつ基地の設計図を描く

ワクワクとドキドキがあればなんでもできる！

WORK SHEET

必要なもの	やってみよう	おやくそく
ここにあるのは大きな木だけ。他にはなにが必要かな？	①君のひみつ基地の設計図を描こう ④小鳥のひみつ基地もつくってあげよう ①地面の下にアリのひみつ基地もつくってあげよう	おとなにこのページを見せないこと。だってひみつ基地だからね

文化をつくる
Cultivate Culture

文化ってなんだろう？

料理をすること、服を着ることや
家をつくること。絵を描いたり
歌やダンスをおどったり
世界中の国でいろんな言葉を話すこと。

これもぜんぶ "文化" のひとつ。
文化はたくさんの人となにかをいっしょにすることから
生まれるんだ。

今、あたりまえだと思っている文化も
はじめはきっと、だれかがくらしをたのしくするためにひらめいたこと。
それが世界中に広がり、みんなのあたりまえになっていく。
だから、君が友達と考えてつくったゲームも
君たちにしかつくれない立派な文化なんだよ。

毎日のくらしのなかで、君がつくった文化が
いろんな人に伝わって、もしかしたらだれかをしあわせにしたり
だれかを救うちからになるかもしれない。

　　　みんなでいっしょに「しあわせな文化」をつくっていこう。

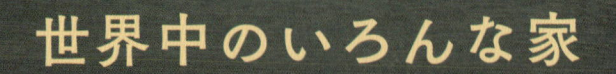

世界中のいろんな家

一年中暑い国や、雪におおわれた国、海に囲（かこ）まれた国。世界にはその国の季節やくらしにあわせてつくられたいろんなかたちの家がある。

🇳🇴 ノルウェー
草花でできた屋根の家

夏は暑く、冬は寒いノルウェーでは、丸太でできた家の屋根に芝（しば）生や木を植える。夏は屋根の植物が蒸散作用（じょうさんさよう）で家のなかを涼しくし、冬は断熱材（だんねつざい）の働きで温めてくれるのだ。また、虫や小さな動物のすみかにもなり、まるでひとつの庭である。

🇵🇪 ペルー
湖（こ）に浮（う）かぶ島の家

ペルーのチチカカ湖に浮かぶウロス島は、ウル族がトトラというわらのような草をつないでつくった島。トトラは家や船の材料、畑や火種（ひだね）、そして食料にもなる。結婚（けっこん）して家族が増えたら島をくっつけたり、自由に大きさを変えることができる。

日本

かやぶき屋根の家

養蚕が盛んだった北陸の集落では、広く風通しのいい場所で蚕を育てるために「合掌造り」と呼ばれるかやでできた屋根の大きな家を建てた。角度の急な屋根は雪が積もっても自然と落ち、水はけもよい。古くなった屋根は畑の肥料となり、元気な野菜を育てるのだ。

オーストラリア

キバラタイヨウチョウの家

サルやヘビなどの外敵から卵やひなをかくし、近づかれないように枝先に巣をつくる。クモの糸を接着剤にして枯れ草、綿毛、根っこ、羽などの素材をからめてかたちをつくる。入り口には雨が入らないようにひさしがついている。

カナダ北部

雪でできた家

一年のほとんどを雪と氷におおわれた北極海沿岸地域でくらす民族「イヌイット」は、アザラシ猟の期間中、雪のブロックを積み上げてつくった「イグルー」という家でくらす。冷たい風が直接入らないように家のなかの高さを変えたり、内側の床にアザラシの毛皮をしいて、きびしい寒さをしのぐのだ。

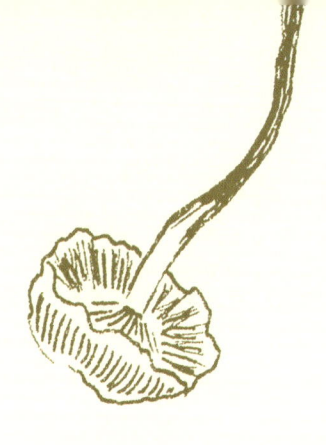

エッジってなんだろう？

エッジであそぶ

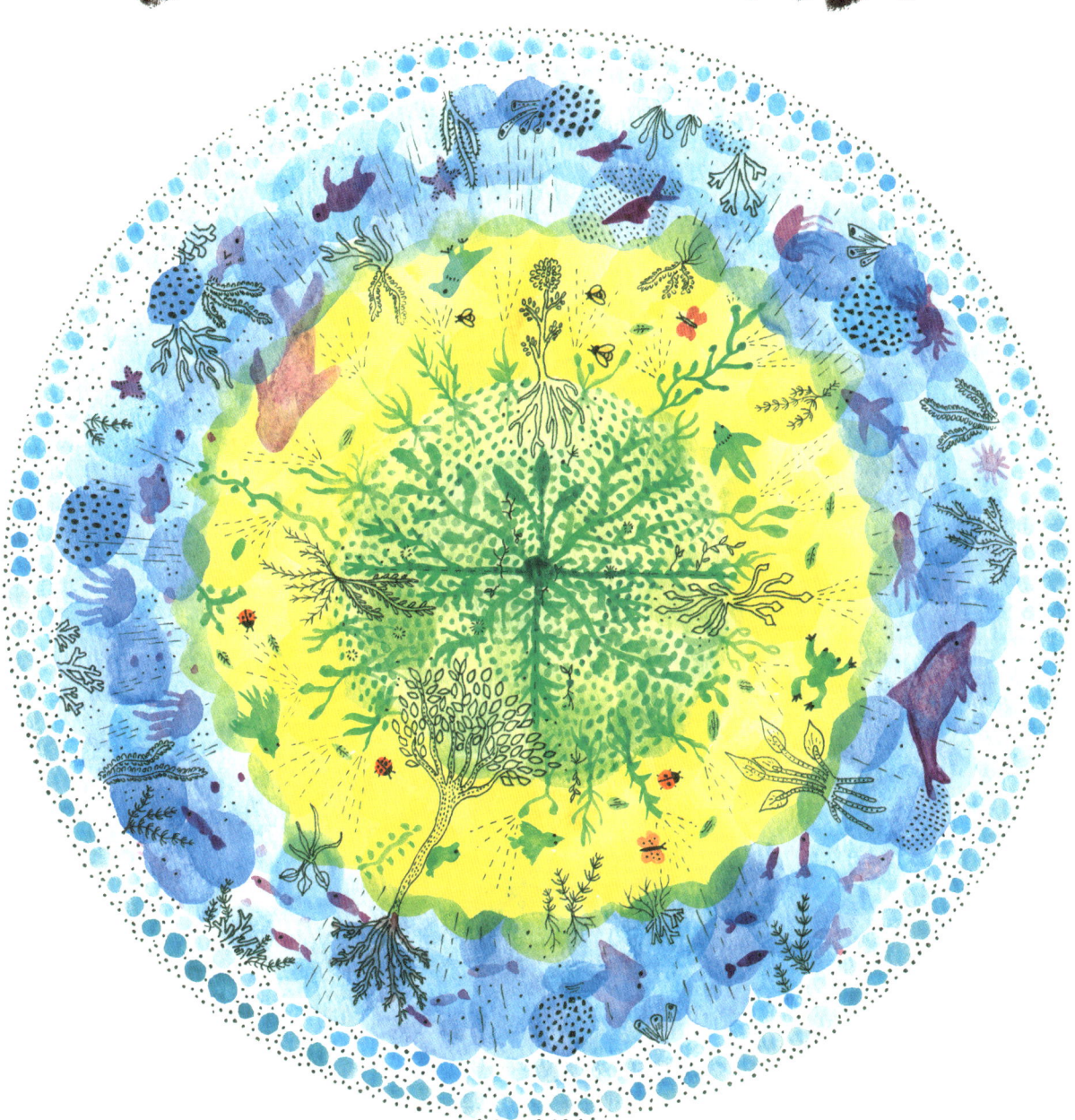

edge

たのしいことは
エッジにある

Edges are Exciting

「エッジ」って言葉、聞いたことある？

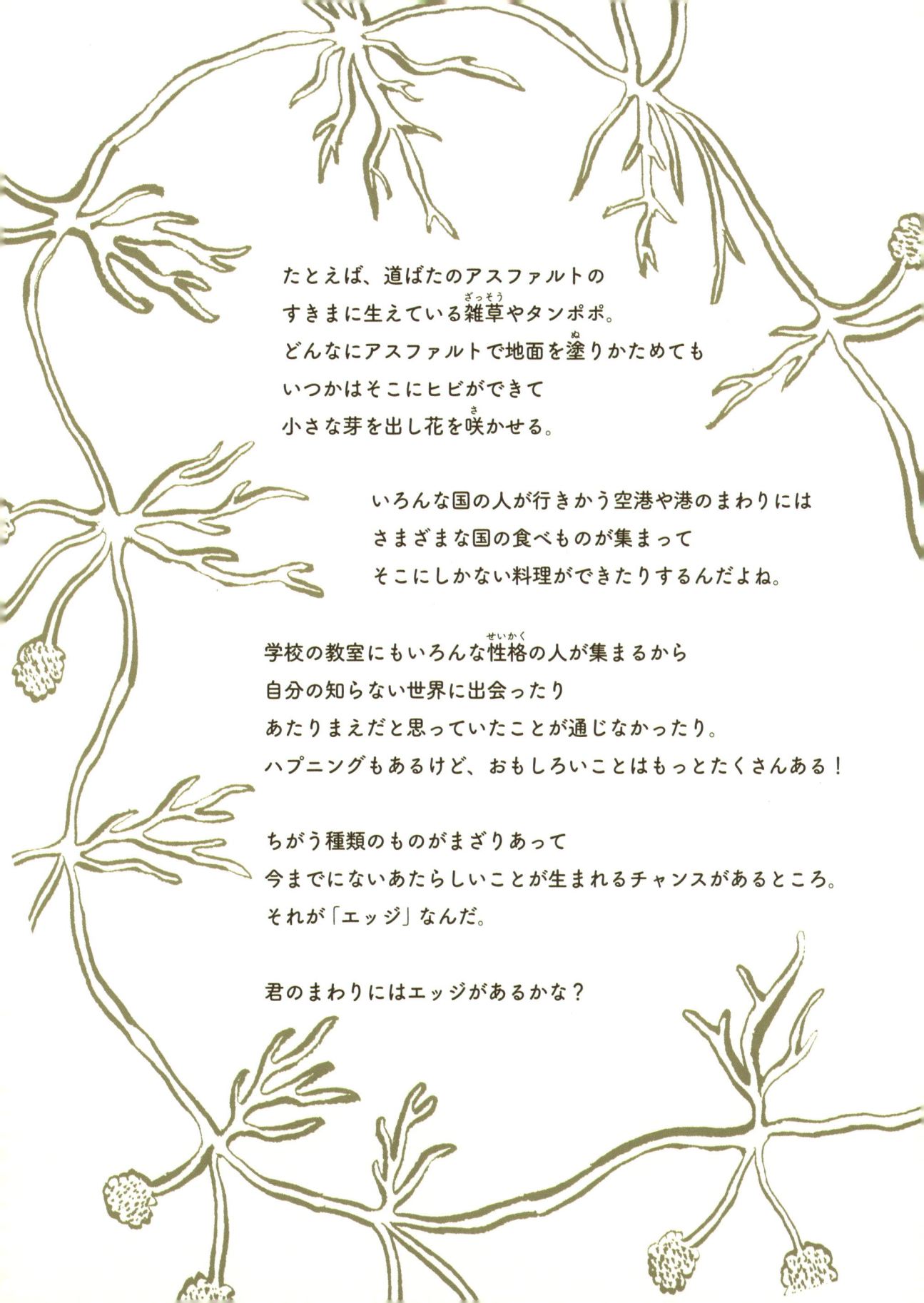

たとえば、道ばたのアスファルトの
すきまに生えている雑草（ざっそう）やタンポポ。
どんなにアスファルトで地面を塗（ぬ）りかためても
いつかはそこにヒビができて
小さな芽を出し花を咲（さ）かせる。

いろんな国の人が行きかう空港や港のまわりには
さまざまな国の食べものが集まって
そこにしかない料理ができたりするんだよね。

学校の教室にもいろんな性格（せいかく）の人が集まるから
自分の知らない世界に出会ったり
あたりまえだと思っていたことが通じなかったり。
ハプニングもあるけど、おもしろいことはもっとたくさんある！

ちがう種類のものがまざりあって
今までにないあたらしいことが生まれるチャンスがあるところ。
それが「エッジ」なんだ。

君のまわりにはエッジがあるかな？

冒険しよう！
ぼうけん

Time for Adventure!

だれかにやっちゃいけないって言われることって
なんでやりたくなるんだろう。
もしかしたら
そこにはまだ自分が知らない
世界が待っているって
君が気がついているから
かもしれない。

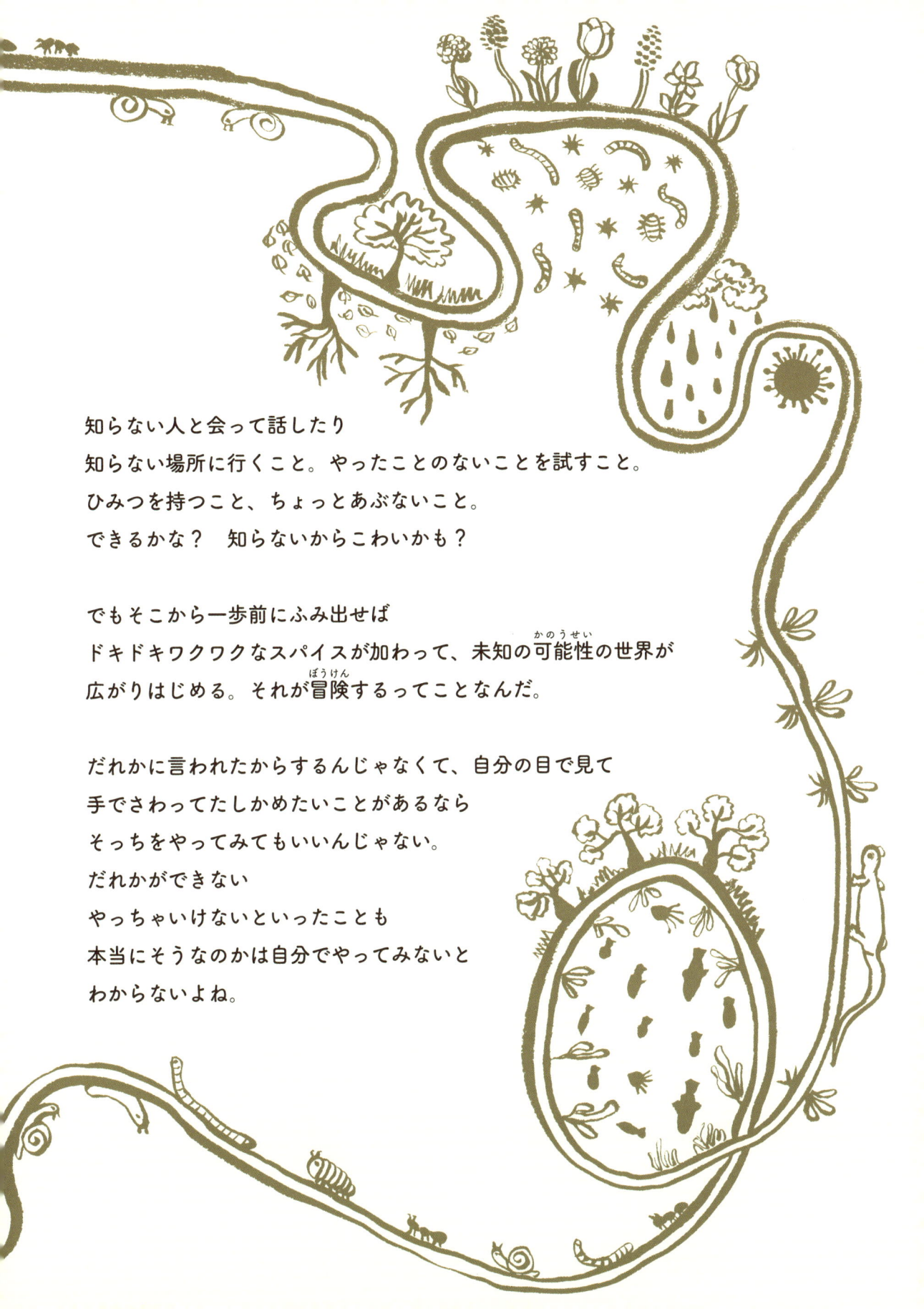

知らない人と会って話したり
知らない場所に行くこと。やったことのないことを試すこと。
ひみつを持つこと、ちょっとあぶないこと。
できるかな？　知らないからこわいかも？

でもそこから一歩前にふみ出せば
ドキドキワクワクなスパイスが加わって、未知の可能性の世界が
広がりはじめる。それが冒険するってことなんだ。

だれかに言われたからするんじゃなくて、自分の目で見て
手でさわってたしかめたいことがあるなら
そっちをやってみてもいいんじゃない。
だれかができない
やっちゃいけないといったことも
本当にそうなのかは自分でやってみないと
わからないよね。

WORK SHEET

ソーヤー
冒険隊長からの
チャレンジ
ミッション

おとなにないしょで勝手に
種をまこう！

みんなの場所がぼくたちのガーデン

必要なもの

手（またはスコップ）

植物の種や苗、さし木

さし木って
なんだろう

ヒント 勝手に種をまくとびっくりする人もいるかも！（だからまずはないしょでね。
でも本当はみんなの場所だから種をまいてもいいはず。だってほかの動物もやってるしね。）

やってみよう！

1 … お金をできるだけ使わずに、種や苗を手にいれる

2 … 植える場所を探す。だれも使っていないような空き地や駐車場、
道路のはしっこ。土があるところ

3 … 穴を掘って種や苗を植える

4 … 忘れないように目印を置いておこう

5 … 芽がでるか、根づくか、しばらく観察してみよう

街のなかにも
畑になるところが
あるのかな!?

種・苗を手にいれる

果物のなかや、自然に生えている
植物から種を見つける

近所の、植物を育てている人に
頼んで分けてもらう

園芸店、
スーパーマーケットで買う

どこに植えよう？

手入れされていない歩道の植えこみ

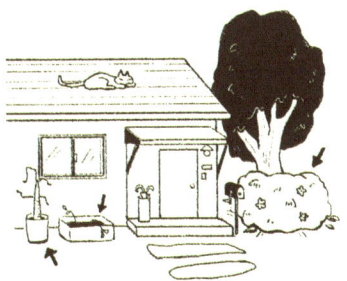

手入れされていないだれかの植木鉢

使われていない空き地

植えてみる

スコップで穴を掘って苗を植え、
上からやさしく土をかける

鬼ごっこしながらまいたり

歩きながらまいたり

WORK SHEET

1 空き地に種をまく

近所の空き地や、公園の緑が少ない場所に種をまいてみよう。

難易度
☆ ☆ ★ ☆ ☆

空き地に花を
咲かせましょう♪

カエデ
翼で飛んでいく
くるくる回るプロペラ型

スミレ
はじけて飛びだす
いきおいあまって爆発型

ドングリ
動物に運んでもらう
思わず食べちゃうおいしい型

タンポポ
風にのって飛んでいく
綿毛のパラシュート型

かたちでわかる！ 種の運ばれかた
自分で移動できない種は、
遠くまで飛んでいくためにいろんな工夫をしている

2 植えこみに花を植える

歩道の植木まわりや、道路わきの花だんに花の苗を植えてみよう。

難易度
☆ ★ ★ ★ ☆

もしもどこに植えたか忘れそうなら……
石に植えた植物の絵を描いて、こっそり置いておこう

3 仲間と街なかで植物が生えそうな場所を探して、種をまいたり花を植えてみる

仲間とのチーム名を決めて、街に種をまけそうな場所を探す旅に出よう。
自分たちだけの地図をつくってもいいね。

難易度
☆★★★★

おとなに怒られたら……
君の気持ちをすなおに伝えてみよう。
もしかしたらおとなもいっしょに
花を植えてくれるように
なるかもしれない

ゲリラガーデニングとは

公共の場所に勝手に植物を植えて緑を増やそう！とイギリスで始まったボランティア活動のひとつ。都会には自由に使える土地が少ないけれど、道路わきや空き地など活用されていない場所はたくさんあるよね。そこに緑が増えれば街の景色は明るくなって、生きもののすみかにもなる。ゲリラガーデニングで大切なことは、自分の住む街をもっとたのしくしたいと思うこと。自分から始めること。それが新しいつながりをつくるきっかけにもなるんだ！

植物を植えることを
もっと知りたい人は

P16〜17
「仲良しな植物
コンビを探せ！」へ

STORY

シティリペア物語

みんな集まれ！ ワクワクの街

Hi！
ぼくはマーク。
みんなはどういう場所にいると
一番たのしい？
そこはなにが特別なんだろう？
いろんな人が集まる空間と
自分だけの空間。
この場所がまじわると
どんなことが起こると思う？

ぼくはイタリアの広場や
先住民の聖（せい）なる土地を訪れ（おとず）
どんな場所に人がたのしく
集まるのか観察した。

そうだ!!!

ぼくも自分の庭に
そういう場所をつくろう！

動物や鳥にも
きいてみた…

へぇー

お友達や近所の人
知らない人にも
声をかけてみて

森の木や廃材（はいざい）を
使っていっしょに
ひみつ基地（きち）カフェをつくり
毎週みんなにお茶をだして
いたら

62

おいしいおかしを持ってくる人、ギターを弾（ひ）く人が来たり……。

それぞれがもっとたのしくなるものを持ちよりはじめた。

すると通りすがりの人も集まってきて

「何やてんのー？」

これまで"見る"側だった人がいっしょに"つくる"人に！

しかし…

「勝手につくっちゃダメーーー！」

公共の場所は国の持ちもので勝手に手を加えたり、変えちゃいけないと教えられてきたけど、本当はみんなの場所。ある街の住民は、自分たちの住む街をもっとたのしい場所にするために、道ばたにひみつ基地や、おもしろいかたちのベンチをつくって、だれでも自由に集まれる場所をつくったんだ。

＼ 思いは届（とど）く！みんな仲間に ／

一度は行政（ぎょうせい）に「ダメ！」といってやめさせられたけど、住民はあきらめずにつくりつづけた。そして、行政（ぎょうせい）を"敵（てき）"だと思わずに、いつか"仲間"になれると信じて説得（せっとく）しつづけた。最後にはちゃんと認（みと）めてもらえて、自分たちでみんなの場所を取りもどしたんだ。

STORY

自分たちの街は、自分たちでつくる！

これはマークと街の住民がつくった「みんなの広場」。大きな絵を描いた交差点、道ばたの小さな木箱はだれでも自由に本が借りられる小さな街かど図書館。おとなもこどももいっしょになってアイデアを出しあい、みんなでつくった手づくりの街だ。

1 ハチの巣のかたちの
フリーペーパーボックス
街のニュースを伝える新聞が入っている

2 街の伝言板とフリーライブラリー
黒板に伝言を書いたり、
街のイベント情報を貼ったり

3 こどもたちのひみつ基地
こどもたちがつくったあそび場
だれでもあそべる
おもちゃがたくさん

4 草屋根のベンチと
ティーステーション
お茶の入ったまほうびんやカップが
置いてあり、いつでも自由にお茶が飲める

5 ニョキニョキベンチ
土でつくられたベンチ
近所の人とのおしゃべりももりあがる！

果樹

みんなでピザを
焼いたり！

PIN RIDGE

カエルの
かたちの
オーブン

人魚と一緒に写真をとろう！

人魚のベンチ

②

⑤

小さな街かど
図書館

交差点

④

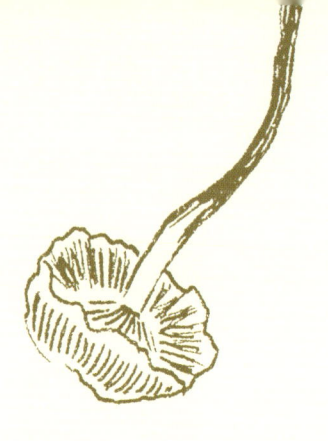

デザインってどんなことをするの？

デザインする

design

デザインって なんだろう？

what is Design?

葉っぱをよく見てごらん。

1本の太い脈から細い脈が葉っぱ全体に広がっている。

これってぼくたちの体のなかをめぐる血管と似ているよね。

木の根っこや川も同じようなかたちをしている。

大きなエネルギーを速く、広く、すみずみまで行きわたらせるために

長い時間をかけてつくりあげられた自然のデザイン。

デザインって、なにかを「もっといいもの、もっといい状態」に

するためのしくみのことなんだ。

人間の体も、自然も、世界にあるものはすべてデザインされている。

ものだけじゃなくて、空間や人と人との関係もデザインできる。

料理がしやすいように冷蔵庫をキッチンの近くに置く。

これはくらしのデザイン。

あいさつをするだけで

おたがいに心が近づいて話しやすくなる。

これは人間関係のデザイン。

君の身のまわりのものをよく観察してみて。

きっといろんなデザインがひそんでいる。

観察すれば見えてくる
observe to see

自然のかたちにはパターンがある。
葉っぱや川は「枝わかれするパターン」。
台風やトイレの流れる水は「ぐるぐるパターン」。
自然がつくるパターンには、そのかたちになる理由と役わりがあるんだ。

おなべから立ちのぼる湯気 と
空に浮かぶ雲が似ているのはなぜだろう？
冬の日に運動をすると体から出てくる湯気も似ているね。

自然だけじゃなくて人の行動にもパターンがある。
たとえば、アイスクリーム屋さんのまわりは
わくわくたのしそうな人たちが集まり
朝の満員電車には、つかれてゾンビみたいな人たちがいっぱい。

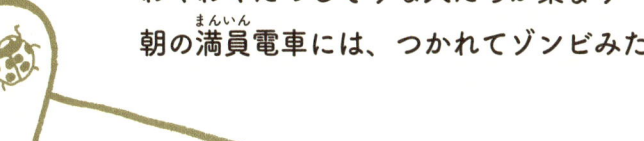

どっちも人は
たくさんいるのに
どうして
アイスクリーム屋さんのまわりは
みんなニコニコなんだろう？

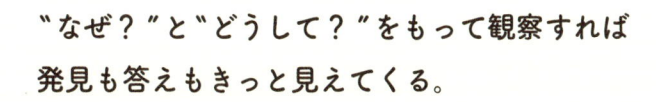

"なぜ？"と"どうして？"をもって観察すれば
発見も答えもきっと見えてくる。

自然のかたちを探す（さが）

世界はデザインでできている

ひとつとして同じものが存在しない自然のかたちにも、実はいろんなパターンがかくれている。それは自然が長い年月をかけてつくった法則（ほうそく）で、貝がらのらせん形や、葉っぱの葉脈（ようみゃく）の枝分（えだわ）かれにも、そのかたちである理由があるんだ。君はこのパターンに当てはまるかたちをいくつ見つけられるかな？

枝わかれ/branching	波/wave
ひとつのものが途中から何本かに分かれる性質（せいしつ）	一定の間隔（かんかく）で同じかたちがくり返し現れる性質（せいしつ）

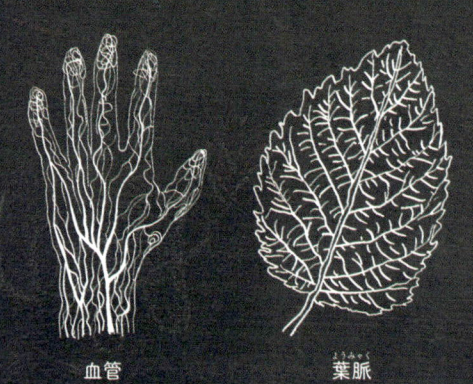

血管　　　　　葉脈（ようみゃく）

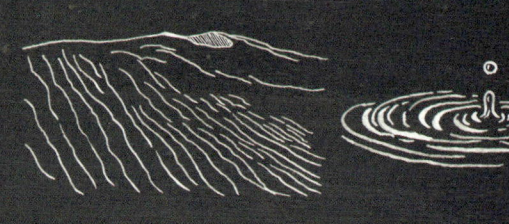

砂漠（さばく）の表面　　　　　水面の波もん

なぜ、このかたちをしているんだろう？

体の中のDNAも
宇宙の星雲もらせんのかたち。
大きさもまったく違うのに
どうして同じ
かたちなんだろう？

らせん/spiral

大きい部分が小さい部分と
同じかたちをくり返してできるうずまき

フラクタル/ fractal

かたちの一部が全体のかたちと似ている性質

カタツムリのから

台風

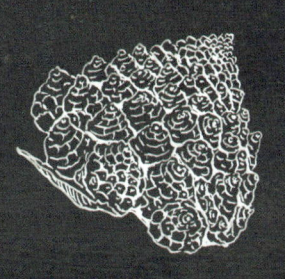

ロマネスコ

雪の結晶

失敗から学ぶこと
Problem is the solution

あるおじさんの畑にたくさんのナメクジが来て、大切な野菜を食べちゃったんだ。
野菜がなくなったおじさんがこまっていたら、近所の人がこう言った。
「君の畑の問題はナメクジじゃなくて、アヒルが足りないだけなんだよ」
「アヒル？」
よく考えてみるとアヒルはナメクジが大好物。
そうか！　アヒルがナメクジを食べてくれれば、畑の野菜は守られる。
それに毎日卵を産んでくれるから、自分の食べものまで増えることに
おじさんは気づいたんだ。大変な問題だと思っていたけど
少しの工夫で畑は守られ、そのうえアヒルの卵という贈りものまで手にいれちゃった。

これってすごいよね。
人間は問題を〝くるしい〟や〝かなしい〟と思いがちだけど
そこにこそ、すてきな可能性のたねがあるんだよ。

みんなでする「解決策みつけごっこ」なんて
たのしそうじゃない？

みんなデザイナーになれる

Everyone Designs

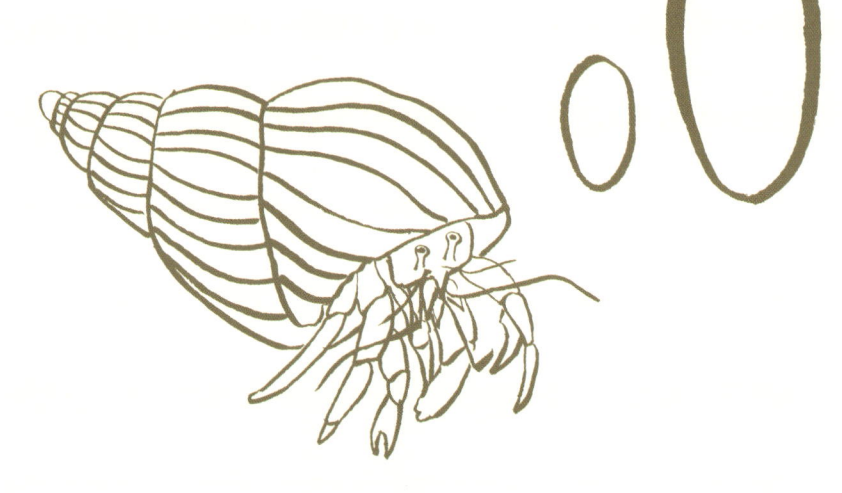

毎日着る服のコーディネートや、一日の時間の使いかた。
なにかとなにかを選んで、組みあわせることもデザインのひとつなんだ。
君の毎日はデザインでできている。つまり君は、君自身のデザイナーだ。

いいデザインは、おたがいのいいところを生かしあって、プラスになることを
どんどん生みだしてくれる。まずは君の家族や友達とのデザインを考えてみよう。
どうしたらみんなのいい部分を引きだせて、おたがいにたのしく、しあわせに
生活できるかな？　さぁ、君のデザイナーとしての腕だめし！　やってみよう！

デザイナーになるということは、自分の人生は自分のもので、君なりの答えを
見つけだすことでもある。失敗しても気にしないで。そこに答えのヒントが
たくさんあるよ。たくさん実験しながら、自分の存在と行動のデザイナーになろう。

WORK SHEET

生息地マップをつくる
いのち（宝）の地図をつくる

どうしてそこに住んでいるの？そこはどんな場所？
いのちが集まるところには、かならず理由がある。自分たちが住む地域の生きものの種類や、
特徴を知ることは、多様な生きものといっしょにくらすヒントが
たくさんかくれている！

やってみよう

何人かの友達と
つくった生息地マップを
交換してみよう。
それぞれの発見の
ちがいはあるかな？

1 … 家のまわりの地図を描く

2 … 歩きながら見つけた発見を
地図に書きこむ

3 … なぜそこに生息しているのか、
考えて自分の答えを出してみる

まるで宝探し！

地球はシェアハウス

地球はひとつの大きな家。ゾウもメダカも、
ヒマワリもトマトも、目に見えない小さな
微生物も地球でいっしょにくらすシェアメイ
ト。人間の体のなかにも細菌が100兆以上い
るといわれているんだ。生きものはみんない
ろんな関わりあいをもって生きているんだね。

どこにいる？

1 キノコの生えるところ

キノコは植物ではなく菌の仲間。見えているかさの部分は体の一部で、土のなかのあらゆるところに菌糸と呼ばれる細胞の根っこを張りめぐらせてつながっているから、実はとっても大きなひとつの生命体なんだ。

どうしてそんな場所に
生えるんだろう？

なぜキノコには
かさがあるの？

2 チョウが飛んでいるところ

チョウは、決まった道（チョウ道）を飛んでいることがあるそうだ。光や温度、時間帯や好きな植物のある場所、チョウの種類によっても道順はさまざま。チョウをスパイするとチョウ道が見えてくるかも……？

どの花が
好きなのかな？

どうやって花を
見分けるの？

3 人がたのしい、または暗い気持ちになるところ

そこにはなぜ
人が集まるんだろう？

人がたのしい
気持ちになる街を
つくりたい人は

P62〜65
「シティリペア物語」へ

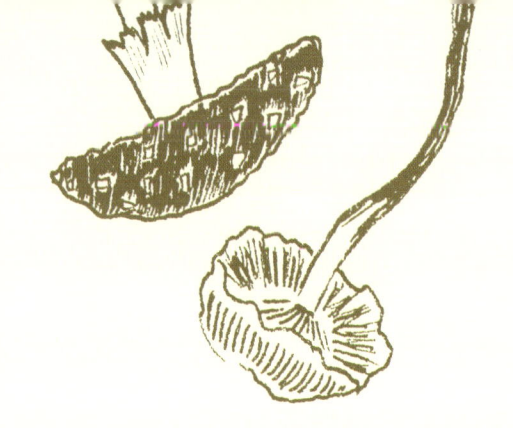

お金を使わないで生きていけるの？

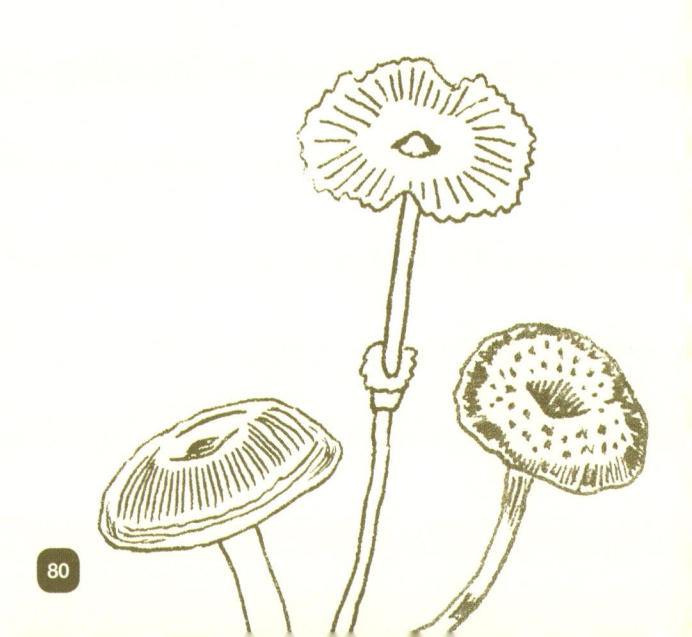

与える

gift

お金ってなんだろう

what is money?

おとなたちの世界では
生きるためにはお金が絶対（ぜったい）ないとだめ！
みたいになってるけど、地球でくらす生きもののなかで
お金を使って生きてるのは人間だけだよね。
人間以外、みんな毎日タダで生きているんだよ。
それってどうしてできるんだろ？

はじめは人間もお金のない生活をずっとしてた。
だけど、あるときお金を発明してからずっと
便利だと思って使いつづけている。

そこで君に質問（しつもん）！
人間はお金がないと生きていけないのだろうか。
たとえば、太陽の光、森や海のプランクトンがつくる酸素（さんそ）
空から降（ふ）ってくる雨。
土が育てるおいしい食べもの、うつくしい鳥のさえずり……。
どうだろう？
生きるために本当に必要なものは
お金に変えられないもののほうが
多いんじゃないかな。

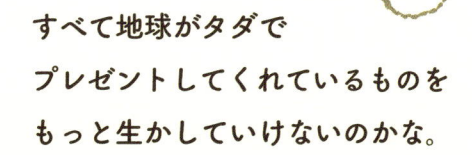

すべて地球がタダで
プレゼントしてくれているものを
もっと生かしていけないのかな。

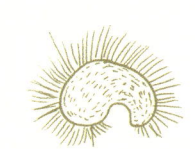

交換から与えあいへ
From Exchange to Gifting

太陽の光が宇宙から降りそそぎ、木々はそのエネルギーを栄養として森になる。
そして森は雨を降らし、酸素をつくり、生きもののごはんを育てている。
そのたくさんのめぐみをぼくたちはいただいて、お祝いをしてきた。

自分が自然としていることが、実はだれかのしあわせになっていて
よろこびの連鎖があちこちでわき起こり、どんどん豊かな世界が広がっていく。
お金を使わない自然の世界で起こっているのは、こんな「与えあい」なんだ。
取りあったり、うばいあったりすることの逆だね。

「与えあい」の世界への入り口は「感謝する」こと。
いろんなめぐみのおかげで自分は生きてるということ。
あたりまえのように降りそそぐ太陽の光をあびて、息をすることは
実はとても不思議でかけがえのないことなんだ。

ありがとうの魔法

感謝の習慣をつける

やさしい家族、いつもあそんでいる友達。
この世界にあたりまえなんて、ひとつもない。
ねぇ、君はそばにいてくれる人を大切にできているかな？

"The Sun Never Says"

太陽は言わない

長い長い年月　太陽は地球に光をそそぎ続けている
そして、ただの一度も言わない「わたしのおかげよ」だなんて

そんな愛があるとどうなるか　ほら、見てごらん
この広い空ぜんぶを照らすことができるんだ

ハーフィズ詩集『ギフト』より　　　　　翻訳：小野寺 愛

ありがとうDIARY

一日のなかで"ありがとう"と感じたことを、21日間書きためてみよう。21日間続けると、
感謝（かんしゃ）することが日常（にちじょう）になってくる。自分への"ありがとう"も忘（わす）れないでね。

DAY 0 おいしいごはんつくってくれてありがとう。

DAY 1

DAY 2

DAY 3

DAY 4

DAY 5

DAY 6

DAY 7

DAY 8

DAY 9

DAY 10

DAY 11

DAY 12

DAY 13

DAY 14

DAY 15

DAY 16

DAY 17

DAY 18

DAY 19

DAY 20

DAY 21

WORK SHEET

親切ないたずら

やさしさで世界を変えてみる

このまえ、
畑の近くを歩いていたらね…。

知らない人が「今日はわたしのたんじょう日。たくさんお祝いしてもらって、とってもうれしい日だから、このお礼をあなたにも。どうぞ」と、自分で育てた野菜をくばっていたんだ。「スマイルカード」といっしょにね！ちょっとびっくりしたけど、すごくうれしかったよ。ぼくもこのお礼をだれかにつなげたいな。

スマイルカードってなに？

君がもし知らない人から親切なこと、うれしいことをしてもらったら、どんな気持ち？「スマイルカード」は、だれかから受けとったやさしさを、次のだれかにつなげるカード。ささいなことでいいんだ。だれかにこっそりと、「親切ないたずら」をしかけてみない？ やさしさのリレーのトップバッターは君だ！

1 … だれかにこっそりと親切なことをして「スマイルカード」をそばに置いておく

2 … 受けとった人はお礼として、スマイルカードといっしょにべつのだれかにこっそりと親切なことをする

3 … 君がしてもらってうれしかったストーリーはどんどん広めていこう

4 … 小さな親切がどんどんつながって、やさしい世界が広がっていく

君のスマイルカードをつくってみよう

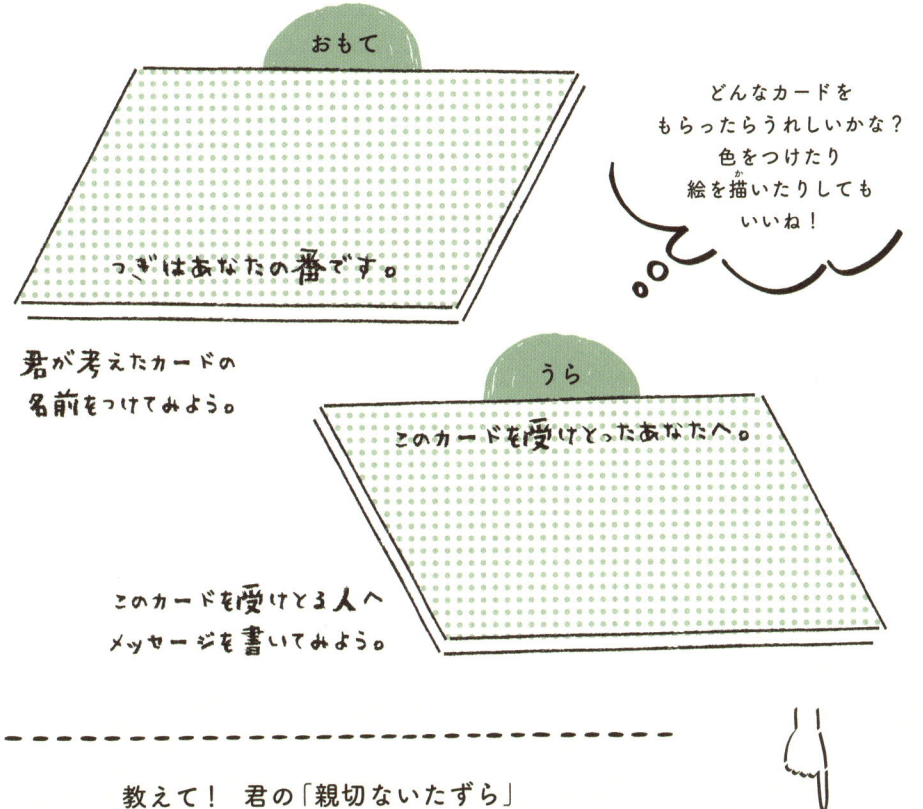

おもて

つぎはあなたの番です。

どんなカードを
もらったらうれしいかな?
色をつけたり
絵を描いたりしても
いいね!

君が考えたカードの
名前をつけてみよう。

うら

このカードを受けとったあなたへ。

このカードを受けとる人へ
メッセージを書いてみよう。

教えて! 君の「親切ないたずら」

君の「親切ないたずら」や、君が受けた親切なお話が、だれかをしあわせな気持ちにするかもしれない。君の起こした小さな変化が、大きな世界を変えるきっかけになるかもしれない。だから、ぼくたちにもそのお話を教えてくれないかな。君のやさしさと、勇気あるいたずらを、たくさんの人に知ってもらおう!

この本のどこかに
はさまっている
「読者カード」に、
君のお話を書いて送ってね

お金を使わないで生きる

Living without money

水道の水や電気は「買う」ことがあたりまえになっているけど
空から降る雨を集めたら、水道のかわりになる。
晴れた日の太陽の光を集めたら、ソーラーオーブンで料理ができる。
どうして、お金を出して水道の水や電気を買うんだろう。

たしかに、いつでも水道や電気が使えたら便利だけど
そのためには、君の自由な時間を売って働かなきゃいけない。
それならお金を使わずに、地球がタダでくれるものを探して集める
冒険をするほうが、もっとワクワクしない？

お金はパワーがあるし
とても便利にみえる。

でも、お金をつくるために
忙（いそが）しくてつかれている人や
お金がないから苦しんでいる
人もたくさんいるよね。

お金がなくても
まわりにある資源（しげん）を集めて
自由な時間のなかで工夫して
豊（ゆた）かに生きるちからをもつこと。
これも大事なんじゃないかな。

WORK SHEET

"できる"を持ちよる

みんなの才能を集めればなんでもできる！

君がこんなことしたいな、できたらいいなと思ったことは、君のまわりのだれかができるかもしれない。同じようにだれかがしてほしいことを、君ができることもあるよね。たとえば、君は楽器が弾けるなら、絵の上手な友達が演奏会のポスターをつくってくれるかも。ダンスの得意な友達が来たら大もりあがりだ！　お金は使うとなくなってしまうけど、"できること"はいくら使ってもなくならない、とってもすてきな財産。このページに君とまわりの人の"したいこと"と"できること"を書きこんで、おたがいの"できる"を持ちよってみよう！

できること

ダンスがおどれる

絵がかける

ものだけじゃなくて、
君の考えていることや気持ちも、
だれかと分けあえたら
いいね

かくれた資源や才能を見つけだせ！
コミュニティ・アセット・マッピング

自分の住んでいる地域（コミュニティ）の特徴を資源（アセット）として、地図やイラスト、図などで見えるかたち（マッピング）にする方法。コミュニティにいる人たちの得意分野やネットワーク、施設や団体、自然環境など、全体像をマッピングすることで、コミュニティのちからを最大限に活用することができる。

してほしいこと

ピアノのコンサートを
開きたい

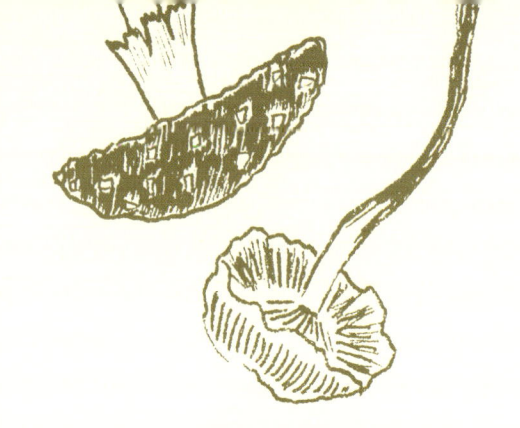

気持ちはどこからやってくるんだろう？

立ち止まる

STOP

立ち止まって感じる

Stop and Feel

息をしているのはぼくたちが生きている証拠。
海や森の生きものがつくってくれた酸素が
体中をめぐって外に出てゆき
また別の生きものの栄養になる。
ぼくたちはそのいのちの循環のなかで生きていて

そのことをじっくり感じる時間をつくることが
心の根っこを深く広げていくことなのかもしれない。

君の心もそう。
笑ったりかなしんだり、怒ったりドキドキしたり
体のなかをいろんな気持ちが通っていくけど
そのひとつひとつを、いいやつ悪いやつって決めつけないで
「それが素直な自分の気持ちなんだ」ってただ感じること。

怒ることもかなしむことも悪いことじゃない。
それはただ、そこになにか
とっても大事なことがあるんだよ
っていう声だから。

今、ここを生きる

Be Here Now

ぼくたちは「今」、この瞬間に生きている。

歳をとるとだんだんこの感覚に気づかなくなって
過去や未来のことにどんどん吸いこまれ
目の前にある世界が見えなくなってしまう。

だから、今をめいいっぱい生きる感覚を忘れずに
そして、その感覚を信じ続けていてほしい。

もし、心のなかが忙しくなってきたら、いったん立ち止まってみよう。
あせらず、むねに手をあてて、ゆっくりと息を吸おう。
そして、今、一番大事にしたいことを思いだそう。

息をすることと、ほほえむことだけは忘れないで。
息をすることは今、ここに戻り、生きること。
ほほえむことは、心の庭に育てたい花や
おいしい果物を植えて水やりをすること。

あとは生きているだけでじゅうぶん。今、生きていることをお祝いしよう！

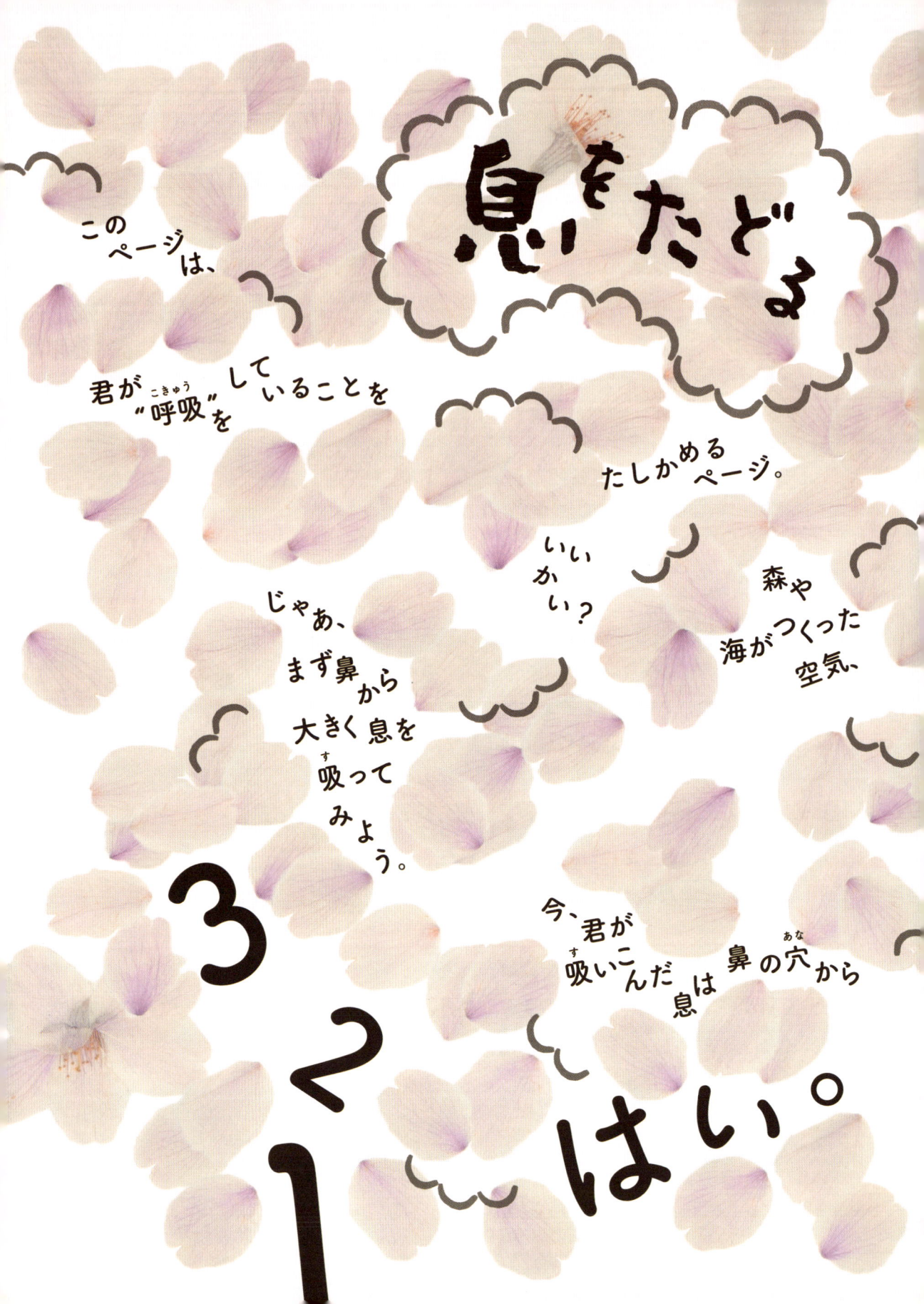

息をたどる

このページは、

君が"呼吸（こきゅう）"をしていることを

たしかめるページ。

いいかい？

森や海がつくった空気、

じゃあ、まず鼻から大きく息を吸（す）ってみよう。

3 2 1 〜はい。

今、君が吸（す）いこんだ息は鼻の穴（あな）から

このページは、

通りぬけていった。

君が "今、生きていること" をたしかめるページ。

どこかの国からやってきた風が、

君のからだのなかに満たされて、

君のからだに入っていった空気の温度と、

出てきた空気の温度はちがったかな。

空気においや味はあったかい？

ふう。

じゃあ、ゆっくり口から息を吐きだして。

肺いっぱいに満たされているね。

のどを通って、

心のエクササイズ

心を体にもどす瞑想

「息」という字は「自分の心」と書くように、息をすることは自分の心と体をひとつにする。
体という家にいつでも心が帰れるように「今」とつながる練習をしよう。

歩くめいそう

足のうらで地球を感じてみる。地球にハイタッチするように……。

一歩、一歩、ゆっくりと。小さな石、地面のひび、あたたかい土、
やわらかい草。ひふで感じる地球の温度。

鳥のさえずりの めいそう

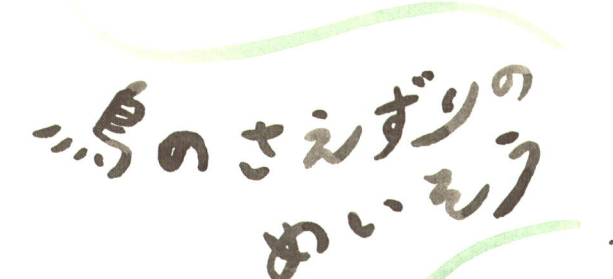

鳥の声が聞こえたら、
立ち止まって耳をすませてみて。
めいそうの時間のはじまりだよ。

アイスクリームの めいそう

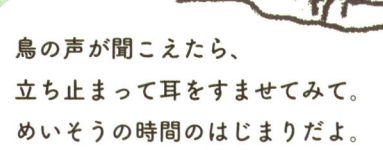

ひとくち、ひとくちしっかり味わう。
口のなかでどんな風にあまさと冷たさが
広がってゆくかな……？

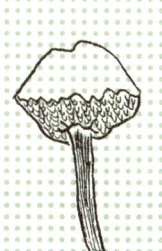

マインドフルネスってなんだろう？

心と体をひとつにする瞑想（めいそう）。息をしていることに意識を向け
ながら、なにかに集中することで「今、ここ」と自分をつな
げること。第一人者のベトナム人僧侶ティク・ナット・ハン
は座（すわ）る瞑想（めいそう）だけじゃなくて、食べる瞑想（めいそう）、歌う瞑想（めいそう）、なにを
していても、自分とつながる練習になると教えてくれているよ。

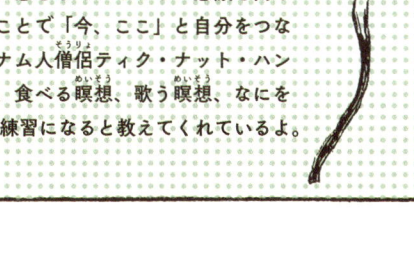

マインドフルネスぬり絵

ただ、色をぬることだけに、気持ちを集中してみる

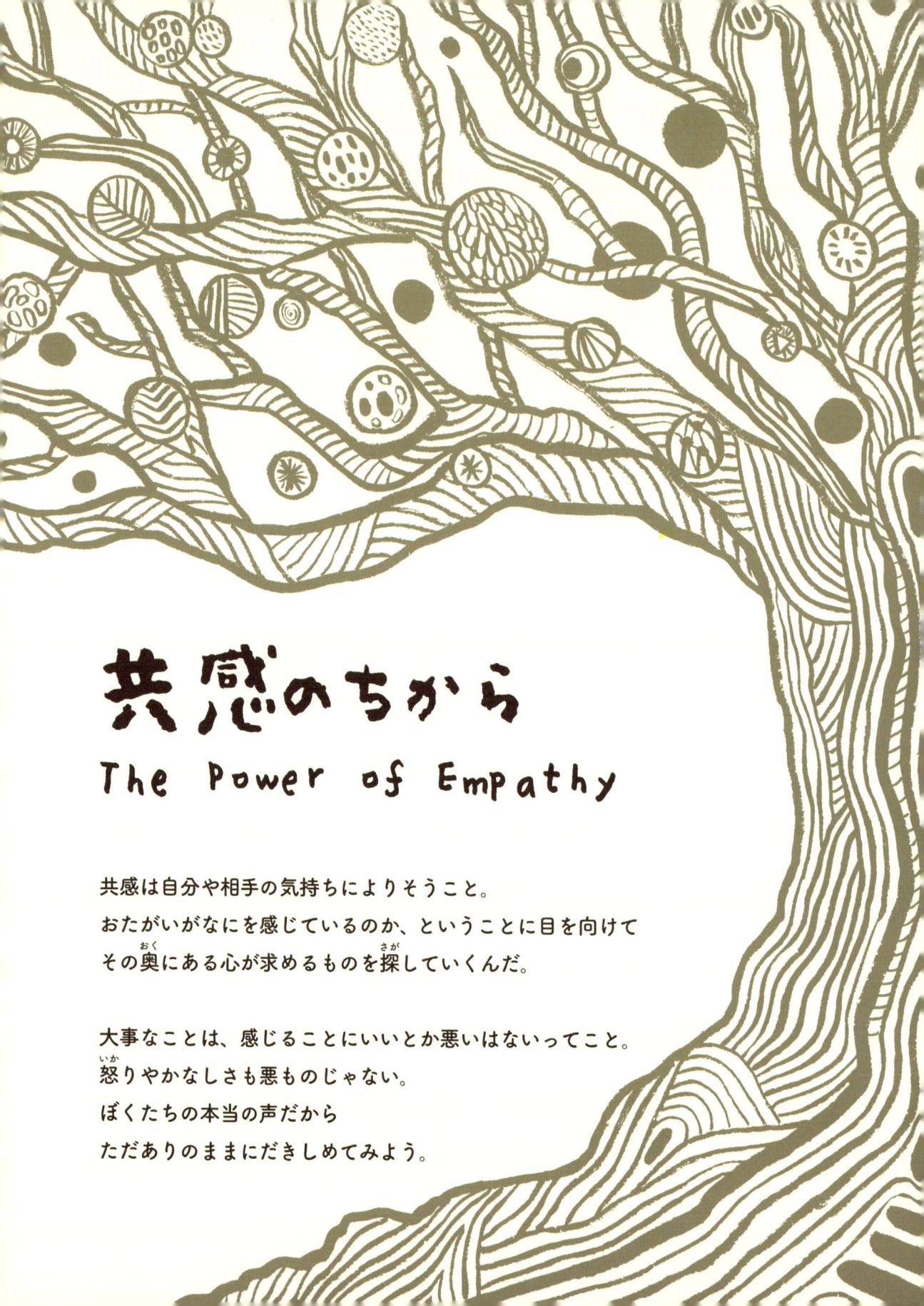

共感のちから
The Power of Empathy

共感は自分や相手の気持ちによりそうこと。
おたがいがなにを感じているのか、ということに目を向けて
その奥にある心が求めるものを探していくんだ。

大事なことは、感じることにいいとか悪いはないってこと。
怒りやかなしさも悪ものじゃない。
ぼくたちの本当の声だから
ただありのままにだきしめてみよう。

相手がよろこんでいたら最高だけど
怒っていても「怒っているんだね」「かなしいんだね」って
いっしょにいてあげること。そして、自分と相手が
「なにを感じてるんだろう」って好奇心を持つこと。
そうやってどんな感情も大切にしてあげる。

君も友達とけんかしたり、家族から怒られたことがあるかな。
あのとき、友達やお母さんはどんな気持ちで
その言葉を言ったんだろう？
そして、その奥にある心の声は？
じっくり、ゆっくり考えてみよう。

WORK SHEET

いのちの言葉でつながる

共感コミュニケーションで心の声を聴く

――――― 共感コミュニケーションってなんだろう？ ―――――

「本当はけんかしたくないのに、ついひどいことを言ってしまった」「わかってほしいのに、わかってくれない」。本当は思いやりがあるのに、ついいじわるになってしまうとき、実は無意識に相手を「悪い」「まちがっている」と決めつけていたり、自分の心の奥の感情がわからなくなることがある。そんなときは、まず自分の気持ちにつながって、次に相手の気持ちによりそってみよう。自分とつながって、すなおに気持ちを伝えられたら、やさしい関係になれるかもしれない。

> 自分で
> たしかめて
> みてね！

ひとりぼっちになる生きかた	友達が増える生きかた

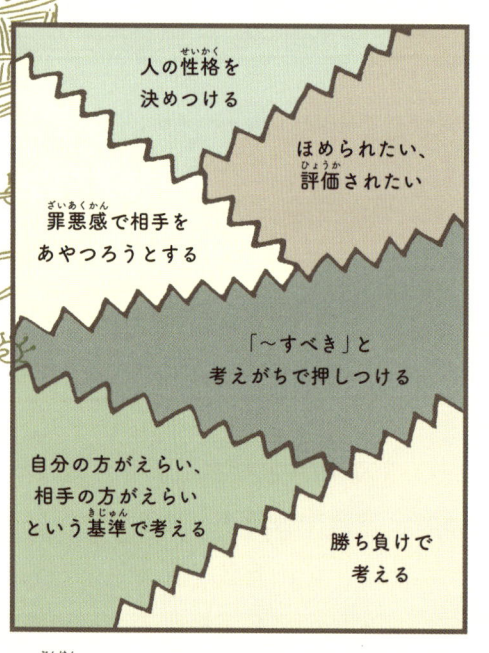

人の性格を
決めつける

ほめられたい、
評価されたい

罪悪感で相手を
あやつろうとする

「〜すべき」と
考えがちで押しつける

自分の方がえらい、
相手の方がえらい
という基準で考える

勝ち負けで
考える

理解しよう
とする

心からのよろこび、
やりがい

心の声を
聴きあう

おたがいが大事に
していること（ニーズ）を
尊重する

いっしょに
ちからを
あわせる

みんなで
勝つことや、
平等を大事にする

参考文献：ジーン・モリソン（2014）「キリンとジャッカルの楽しいコミュニケーション」後藤ゆうこ訳、有限会社ナディア出版部

共感／非暴力コミュニケーション（NVC）：1960年代に心理学者マーシャル・ローゼンバーグが開発したコミュニケーションプロセス

ニーズカードで自分の心の奥にあるニーズを発見しよう

感情は、心の奥にあるニーズからわき上がってくる。
でも自分のニーズに気づけないこともたくさんあるんだ。ニーズカードは"あのとき本当はこう言いたかった、こうしてほしかった"という自分と相手のニーズを発見できるゲームだよ。

ニーズカードでニーズとつながろう

1 ・・・ カードを並べてひとり話す人を決め、最近悩んでいることなどを話す

2 ・・・ 聞 聞く人は、その人の「ニーズ」を想像してみる

3 ・・・ 聞 話し終わったら、聞く人はその人のニーズだと思うカードを選んで渡し「このニーズを大事にしたかったの？」と聞く

4 ・・・ 話 もし残りのカードにこれもあてはまるな、と思うカードがあれば自分でも選ぶ

5 ・・・ 話 集まったなかから自分にとって大事なカードを3枚選びゆっくり味わうそれが自分の気持ちに共感するということ

3〜4人で集まってやろう！

※ ニーズ…
自分が必要としていること
大切にしたいこと

休息 rest

楽しみ fun

聴いてもらえること to be heard

感謝 appreciation

大事にする・される to matter

学び learning

だれかのちからになること contribution

安心・安全 security

自由 freedom

平等であること equality

受けいれる 受けいれられる acceptance

君があったらいいなと思うニーズカードもつくってみてね。

※ ニーズは100個以上あるといわれている

「無」敵になる

No Enemy

「無敵」っていうのは
自分の頭のなかに敵がいなくなること。
自分が強くなって
すべての敵をたおすこととはちがうんだ。

ぼくたちは理解できなかったり
怖れてしまうと
相手を敵だと思ってしまう。

考えかたがちがう人、異国（いこく）の人
苦手な虫や動物、雑草（ざっそう）という名の植物まで敵（てき）にして
ときには殺（ころ）そうとしてしまう。

そんなときは、いったん立ち止まって
相手の気持ちによりそってみよう。
敵（てき）は自分の頭のなかにしか存在（そんざい）しない。

だから「どんないのちもせいいっぱい生きている」って
思うことができれば、気がつくと自然と敵（てき）がいなくなって
思いやりと平和の世界が広がっていくと思うよ。

「無（む）」敵（てき）な世界を育てるために
ぼくたちにはどんなことができるのかな？

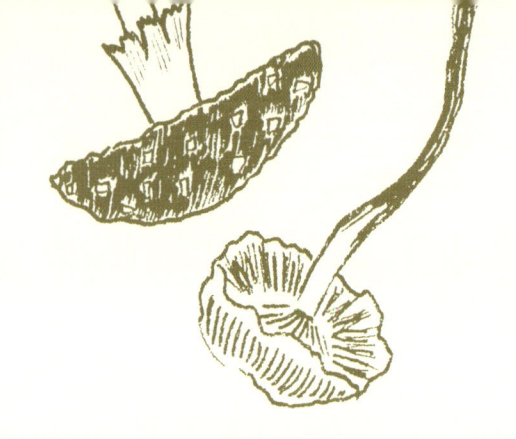

ぼくらとちきゅうは
いっしょにいられるの？

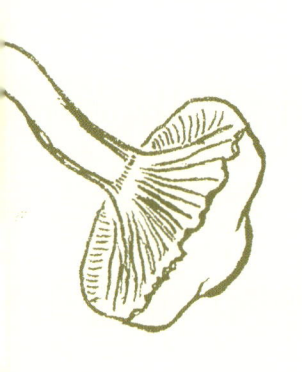

セブンジェネレーション
Seven Generations

あるアメリカの先住民には「セブンジェネレーション」と呼ばれるこんな教えがある。
"どんなことでも、ひひひひまごのこどもたちのことを考えて生きよう"

ぼくたちは、先祖から今の地球を「いただいて」いるんじゃなくて
未来のこどもたちから「借りて」いて
借りているものは、もっといいかたちで返していこうってこと。

だから今、君が種を植えて、それがいつか大きな木になり
おいしい実をつけたら、ぼくたちはその実を食べられなくても
未来のこどもたちのくらしは豊かになっていく。
そんなふうに自分たちのためだけじゃなく、今と未来のすべてのいのちのために
できることを考えたら、きっと美しい世界が広がっていくと思う。

伝統を取りもどす
Remembering Tradition

伝統はこれまでに
生きてきた人たちと
ぼくたちをつなげてくれるもの。

それぞれの時代に生まれた
くらしの知恵や工夫。
それが遠い昔の人から
伝わってきて、今を生きる
ぼくたちのくらしのなかでも
生きつづけている。

育てた大豆や梅から、みそや
梅ぼしを自分たちでつくることや
日本の風土にあわせた家づくり。
その土地に昔から伝わるお祭り。
月の動きからうまれた暦は
日本の自然の移ろいにあわせて
つくられているから
月ごとに種まきや苗植えや
収穫のタイミングを
教えてくれる。

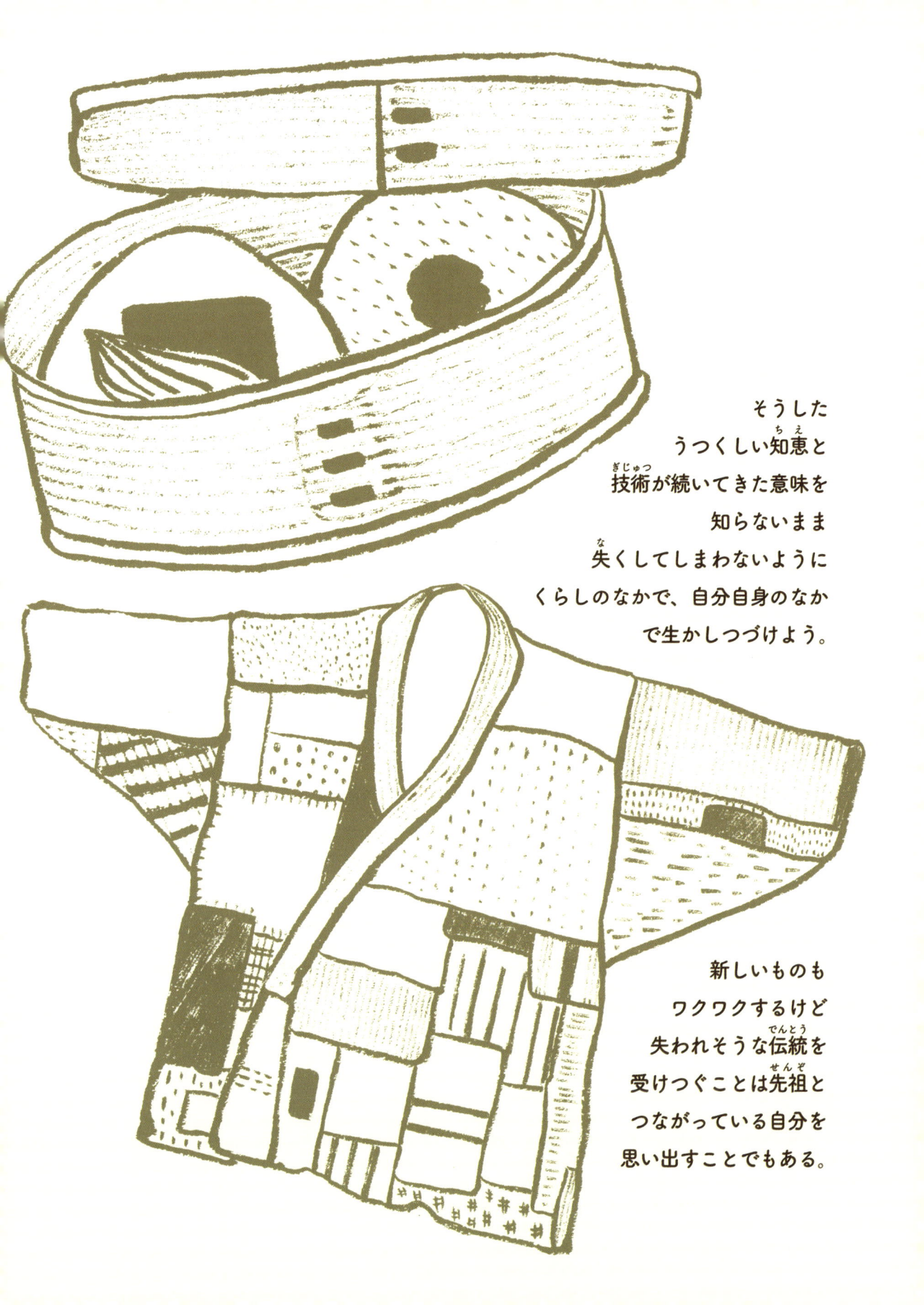

そうした
うつくしい知恵（ちえ）と
技術（ぎじゅつ）が続いてきた意味を
知らないまま
失（な）くしてしまわないように
くらしのなかで、自分自身のなか
で生かしつづけよう。

新しいものも
ワクワクするけど
失われそうな伝統（でんとう）を
受けつぐことは先祖（せんぞ）と
つながっている自分を
思い出すことでもある。

江戸時代のくらしの知恵袋
えどじだい　　　　　　　　　　　　ちえぶくろ

持続可能な生きかたを学ぶ
じぞくかのう

電気もガスもなかった江戸時代。朝早くに起きて活動して、日が沈むと寝る、お日さまとともにある生活。今よりよっぽどゆとりがあるね。また、ものを大切に使い続け、最後は土にかえして肥料にする。むだなものなんてひとつもないんだ。コミュニティのつながりがつよい長屋では、みんなが助けあいながらくらしている。そんなパーマカルチャーのお手本がいっぱいの江戸のくらしをのぞいてみよう。

―――――――― 捨てるものは ひとつもない！ ――――――――

わらじや傘
使わなくなったら燃やして灰に

灰
畑の肥料、
溶かして洗顔

お米を育てる

うんちは肥料
ひりょう

食べる

わら

もみがら
畑の肥料、
まくらのなかの材料

ぬか
ぬかづけ、
家畜のえさ

植物から生まれ 衣 植物へかえる

肥料に　綿花（めんか）　木綿糸（もめんいと）　布

いらなくなったら
燃やして灰（はい）に

下着、おむつ、雑巾（ぞうきん）

着物、浴衣（ゆかた）

助け合いながら 住 たのしくくらす

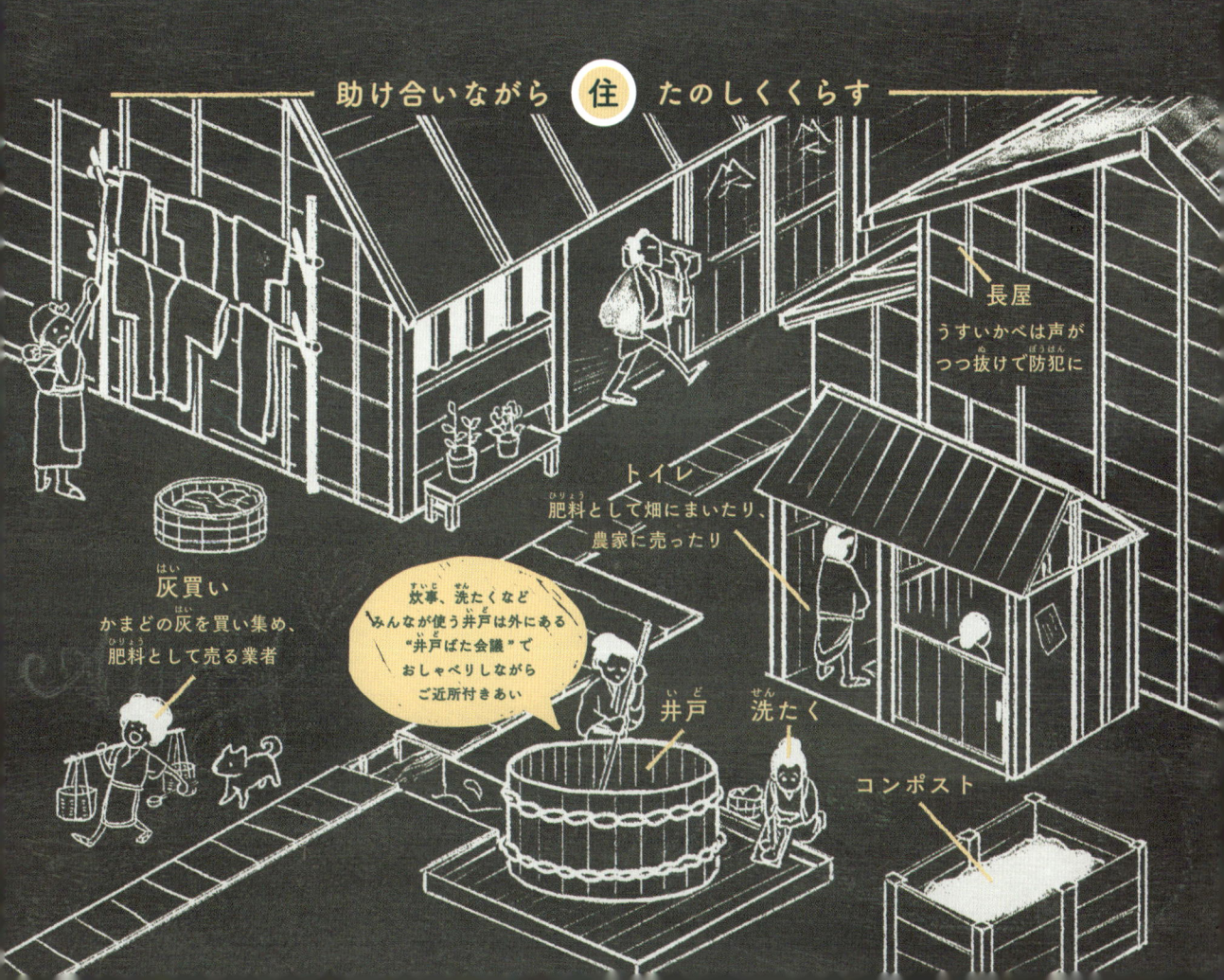

長屋
うすいかべは声が
つつ抜け（ぬけ）で防犯（ぼうはん）に

トイレ
肥料（ひりょう）として畑にまいたり、
農家に売ったり

灰買い（はいがい）
かまどの灰を買い集め、
肥料（ひりょう）として売る業者

炊事（すいじ）、洗たく（せんたく）など
みんなが使う井戸（いど）は外にある
"井戸ばた会議（いどばたかいぎ）"で
おしゃべりしながら
ご近所付きあい

井戸（いど）

洗たく（せんたく）

コンポスト

ごみを出さない
くらし
zero waste

自然にはごみがない。
ごみは人間が発明し、ごみを増やし続けているのも人間だけ。

「大変だ大変だ！」って言いながら、それでもごみは増えていく。
プラスチックや電子機器、放射性物質とか。
「これは大きな問題だ！」と言いながら、未来のこどもたちに
渡してしまっている。なんでそんなことになっているんだろう？
どうしたらほかの生きもののように
ごみを出さないくらしができるんだろう？

江戸時代に生きていた人々は
ごみがほとんど出ないくらしをしていたんだ。
縄文時代にはごみさえなかった。
ごみのない時代をつくるにはどうしたらいいんだろう？

WORK SHEET

ごみを出さないチャレンジ！

生活から出るごみの量を再確認(さいかくにん)する

さぁ、ゲームをしよう！ 1週間どれだけごみを出さずにくらせるかな？
そもそもごみになるものをもらわないようにしたり、修理(しゅうり)したり、
もっとすてきなものにつくり変えたり、発想力しだいで、ごみは資源(しげん)になる。

必要なもの

ごみはもらわない
という気持ち

発想力

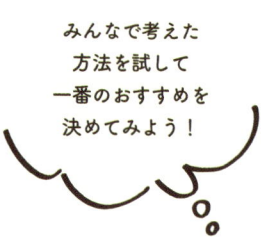

みんなで考えた
方法を試して
一番のおすすめを
決めてみよう！

 ヒント　今日一日、自分が出したごみをリュックに
つめて生活したらどうなるかな……？

NY で一年間「ごみを出さないくらし」に
チャレンジした家族のおはなし

たくさんの人が住んでいる大都会・ニューヨーク。そこでくらすある
お父さんはこれまでの生活に疑問(ぎもん)を感じて、家族といっしょに1年間
「ごみを出さない」「車に乗らない」「テレビを見ない」「電気を使わない」
「新しいものを買わない」という生活をしたんだ。全部を実践(じっせん)するの
はむずかしいけど、君もできることから始めてみない？

1週間NO！ ごみゲーム

1 レジ袋からにげる	2 ほしい人を探す

店員さんはすばやいよ！

いりませーん！

リユース
捨てるかわりに、次の持ち主を探す

リデュース
むだなごみの量をできるだけ少なくすること

3 生まれ変わらせる	4 地球にかえす

アップサイクル
使わなくなったものを素材として再利用し、デザインや加工技術でもっとすてきなものにつくり変えること

地球にかえすって？
もっと知りたい人は

P18〜19
「いのちの変身」へ

これからのエネルギー
Future of Energy

エネルギーはものを動かすために必要なちから。
ぼくたちの体のエネルギーも
食べものからもらっている。

太陽、風のちから、水の流れ、ぼくたちの手。
エネルギーはいつでも、身のまわりにある。
もし、君がエネルギーが見えてマジシャンみたいに
自由に使えるようになれば
どこにいてもくらせるし、なんとかなる。
生きるちからは君の頭のなかと指先にある。

まわりのエネルギーが見えるようになれば
今度はエネルギーが生まれる場所もつくれるようになるかもしれない。
君の言葉や、勇気やむねの高まりがエネルギーとなって
まわりの人の心を動かすんだ。
そんなしかけをいっしょにたくさんつくっていこう。
予想もしないたのしいことが、きっと起こりはじめるよ。

自然エネルギー早見表

地球のコンセントを見つけよう

エネルギーとは、なにかを動かしたり変化させるちからや、その量のこと。ぼくたちのまわりには自然が与えてくれたエネルギーであふれている。エネルギーの性質（せいしつ）を理解（りかい）すると、まるで地球がコンセントのように、自由自在（じゆうじざい）に使えるようになるよ。

言葉 [特別]

昔から言葉には"たましい"が宿（やど）ると言われている。君の声はきっとまわりの人を呼びよせて、だれかをよろこばせたり、はげましたり、なにかを変えるちからになるよ

太陽 [光] [熱]

太陽は地球のいのちのみなもと。太陽の光とそれがもたらす熱は、雨や風を生みだして水や大気を循環（じゅんかん）させ、植物を育て、生きものの体をあたためてくれる。そして、地球を明るく照らし、「昼」という時間を与（あた）えてくれている

滝 [位] [運]

水力発電は、水が高いところから低いところへ流れるちからでモーターを回して発電している

ワクワク、ドキドキ [特別]

だれもが持っていて、どこにでも持ち運びができるエネルギー。どんなに大きなチャレンジも、まずは君のむねがワクワク、ドキドキしなければ始まらない！

[熱エネルギー]	ものを温めるちから	[光エネルギー]	まわりを明るくするちから。太陽の光には植物の光合成からでんぷんや酸素をつくるちからもある
[運動エネルギー]	ものが動いているちから	[位置エネルギー]	高い場所にあるものが重力で落下するときに、衝撃（しょうげき）を生みだすちから

月 光
満月や三日月など太陽の光を反射して表情を変える月。潮の満ち引きは月の引力によって起こる。いろんな生きものの生活のリズムにも影響を与えている

風 運
風は空気の移動。太陽の熱であたためられた空気が上昇し、冷たくなった空気が降りてくる空気の動きが、風として感じるもの

雨 位 運
雨水は森林をつたってゆっくりと地中へ。土と岩の層によって長い時間をかけて浄化された栄養たっぷりの水が地下深くに蓄えられる

波 運
風のちからによって生まれる波。とぎれることなく打ちよせる波エネルギーを使った波力発電の研究もされている

海水温 熱
深海の水は1,200年かけて循環している。温かい表層の海水と、冷たい深海の海水の温度差を利用した発電方法も研究が進んでいるんだって

自然によりそう

Be Nature

ぼくたちは忘れてしまってるけど、人間と自然は
別々の存在ではなく、ぼくたちは自然の一部。
だから自然をこわすことは
自分の体をこわすように
ぼくたちを苦しめてしまうんだ。

大切なのは、ぼくたちも自然のなかに生きる動物だと思いだすこと。
ぼくたちが人間を支えてくれる自然の助けになれたら
世界はもっとやさしくなれる。
この地球というシェアハウスのなかでいろんな生きものといっしょに
ずっとたのしくくらしていこうよ。

そのために、ぼくたちはなにができるんだろう。

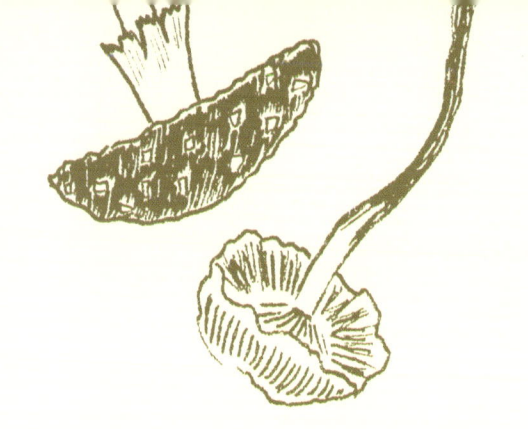

自分だけの生きかたってなんだろう？

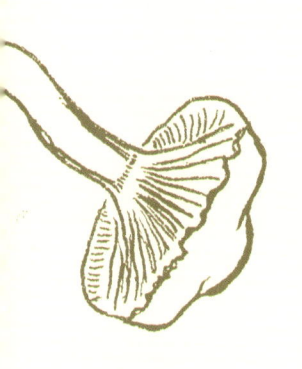

おとなを飛びこえて

The Next Generation

今のおとなたちのベストを
飛びこえるのが君たちの世代。
それはかならずおとなたちと
同じ方向に進めばいいってことじゃなくって
おとなたちが解決できなかったことに
ちがうかたちでチャレンジしてみてほしいんだ。

たとえば、おとなが「忙しい」って悩んでいたら
忙しくない生きかたを探すとか。
「お金がない」って苦しんでたら、お金がなくても
豊かにくらせる方法を見つけるとか。
おとなたちができなかったことをできるようになることが
飛びこえることにつながっていくんだ。

だから、おとなたちやだれかが「できない」って言っても
そこであきらめないで、まず自分でたしかめてみることが大事。
だって、ただその人ができなかっただけかもしれないからね。
そうやって「できない」を「できる」に変えられる人になろう！

パーマカルチャーという選択肢

せんたくし

The Permaculture Path

生きかたにはそれぞれいろんな道がある。
大切なのはその道を歩きながら
どれだけ自分が生き生きとできるか。

だから、ひとりひとりがどんな道がいいか考えて感じて選んで
たとえ途中で道すじを変えたり、より道してもだいじょうぶ。

パーマカルチャーは生きる道のひとつ。
ぼくはみんなにもパーマカルチャーのすてきな冒険を
してほしくて、この招待状を届けにきたんだ。

パーマカルチャーが大切にしていることは
ぼくたちが自然の一部として協力しあって
豊かな人生を歩んで
次の世代にもその世界をつないでいくこと。

だから今ぼくは前の人たちが植えた木の実を食べて
そして、次の世代が食べる木を植えている。
ぼくたちが食べられなくてもかまわないんだ。
ずっと続く道の途中に
木の実やきれいな花を残せることが地球へのお礼と
未来への約束なんじゃないかな。

小さな小さな ヒーロー
Tiny Little Heroes

広い宇宙にうかぶ、大きな地球に
ぼくや君やたくさんのいのちが今日も生きていること。
そんなあたりまえの毎日を守ってくれているのがだれか知っているかな。
それは目に見えないくらい小さな小さな生きもの「微生物」なんだ。

土を育て、豊かな森や畑をつくってくれること。
水を浄化して、地球の汚れをきれいにしてくれること。
ぼくたちの体が今日も元気でいること。
みそやしょうゆ、ぼくたちの食べものをおいしくしてくれること。
そして死んでしまった生きものを
新しいいのちにつなげてくれること。

地球が生きていること。ぼくたちが生きていること。
それは微生物が見えないところで
いのちをつくり、育て、守ってくれているからなんだ。

あんなに小さい生きものだけど
ぼくたちのいのちを支えてくれている。

ぼくたちも微生物のように、ひとりひとりのちからは小さくても
みんなが自分たちの役目を果たしていけば
それはいつか大きな変化につながると思う。

ぼくたちの先祖でもある、小さな小さなヒーローは
今日もあたりまえのように、いのちを守ってくれている。

あとがき

この本を読んでみてどうだった？
なにかワクワクするものはあった？

地球のすばらしいものを
この本にいっぱいつめこんだ
つめられるだけつめたけど
まだまだいっぱいある
この本だけじゃ、全然たりない！

だから、君が
この本のつづきをつくってほしい
君が『ちきゅうカタログ』の要素を
いっぱい集めてきてほしい

そこから君がつくっていく世界を
ぼくは知りたい
そして、いっしょにつくりたいんだ

さいごに、
これはぼくからのおねがい
君がワクワクしたものを
自分でやってみてね
きっと、たのしい世界が見えてくるから
そして、おとなたちをまきこんでほしい
おとなだって、本当は
もっと自由にたのしく生きたいんだ
時間がないとか
いいわけするかもしれないけど
あきらめずに、やさしく
さそいつづけてほしい

君こそが希望そのものなんだ
生きててくれて、ありがとう

moved by love

SPECIAL THANKS

Oda Junko　Fairylandlily　スタンダードブックストア代表 中川和彦　森 佳織

仲間聡子　ねこくま　パーマカルチャー関西　阿部 高之　鳴美璃子　伊藤早也香

HAPPY PLACE（幸所）　成瀬望　Miyuki Hosokawa　奥尻ゲストハウスimacoco

斉藤万里子　Eriko Ueno　よりうめひでき　庄司正昭　かるら志保

ありんこ農苑　ヒナタノ食堂　上塘健司　日高yumico　Ai Sasaki　宮岸真

いぶき　Vamos　川井 夏子　小林史佳　イナバユキ　from 西東万里 to 小松知勢

Artesanía Amazónica La Cambita　河﨑七ノ葉　Momoko Wolff　先川原弘美

浜田 直子　naonyang　Sean and Yuka Saito Kelly　西村 友希　Masamitsu Takahashi

WaaGwaan　中村拓郎　石原真奈美　chiharu k　くらたみさと　濱崎格

ヤマグチカズヤ　Ayano Kawasaki　菅田凜太郎　すまあみ　yumisato

あいのや　三角エコビレッジSAIHATE（坂井勇貴）　ごとうなおみ　Shin&Satoko

satojun　株式会社N.e.tニシノタクロウ　澁谷真紀　馬渕弘明　かなた・きか

Madoka（GreenCircle自然農園）　石井 光　新井由己　@0325tatsuya　勇禎

Miyuki Lee　中野 喜壱　KAZUHIRO UCHIMOTO　Zen Tabata　土橋 大輔

Yorie Akiba　綾部太輔　やまもとぼゐ　りょうこ　戸谷浩隆（ウェル洋光台）

ayako_HaLo　Mikoto Chrys Chiba　畑中みどり　シゲマツタカコ　Akane

きょんきょんファミリー　河野宏樹　Sachi　城所 謙志・愛・麦　Yuki Roehreke

Rika　Yuwa Sajima　the Baxter-Neal family　Chisato Suzuki　Yui Horiuchi

柳生ひろみ　NEW ALTERNATIVE / ISI PRESS　倉林舞　鳥谷部 有子　岡野　忠

冴花　nozomi-hope　Amby Life　John　佐藤 慶明　Keiko Shimura

永谷タイ　藤井哲尚　鈴木菜央　ますだあかね　富岡麻美　猪鹿倉 陽子

池田美砂子　tento, cosmo, teruru, mikumo　山崎百合子, りそな　川本麻衣子

hiro.s　ゆったりおったりの森　風間理紗　のせたかこ　工藤亜矢　植月千砂

ちむどんどん-ユウ　Yukari Manabe　asatomo　Sachiko Kenjo　田辺綾子

この本の刊行にあたり、ご支援とたくさんのエネルギーを与えてくださったみなさま

T.Kumazaki:) 梶岡和香奈 アベノリコ Nozomu Osawa Ria&Akiko Sugita

森野 篤 IZUMI ASAKO Yusuke Matsui CHOME Yoshiki Mori 寺社下 茜

やぶ えりこ ふくい まなつ 笑達 前嶋 葵 後藤茉莉子, 洋太, くるみ

金澤ユミ inunokomachi 古瀬美絵子 岡田大和のどか Mariko Miki

Takeshi Mimura 大山邦興 AKI UEMURA 佐々木祐子 からむしざわともみ

○にじのわむぅ○ 近藤 空 Hiro Minato 林怜, 祈希 八木優 八木一樹

ヒラノ サヤカ togo 小松ファミリー 木邑優子 大高健志 しょうじ きこ

小谷春美 野川未央 畔柳ゆう ワイン食堂トキワ 光◎裕子◎元 いつみ

小林 さとこ 辻沙友里 ふじもりよし Panchavati Ken 木部ちゃこ

田島俊介, 幸子 江口亜維子 Eri Suzuki Tomita たかはしあきら 松園亜矢

Kumiko Jin 山﨑誠太, 一輝 ayacoco おおにし あゆみ そらたね株式会社

よこべまゆ つんつん 空飛ぶカエル 萩原梨江 滝沢知子 輝蝶 音鳴文庫

Mark & Liliko Sawyer はしも's Sonomi Takatsuka 本澤絢子 涼湖

MAKI OHASHI 木村智史FAMILY ナカノ カオリ 小林 ほたる げべ

THanks 地球！ Maya Komatsu AYA YAMAUCHI（LIKO YOGA） いしいよしこ

朝食屋コバカバ 赤澤篤資 James and Momoko Luce Miyabi Gallo 内野清美

Haripriya春 中村ちひろ 長谷川 卓也, 和子, 空也 谷嶋明澄 藤田いちえ

鈴木麻美 高橋香織 Maya 高千穂MotherForest 松村有香里 仲井真 淳

河合友泰（いのちの楽校） みっちー Cafe Ria-ria 嶋尾かの子 佐藤庸子

大鶴優花, 彩乃 みやさか ゆか ゆきのとあおば まじま なおこ 木多渓

むらばやし４兄妹 中島デコ takako mimura 森田幸浩 住友晴 藤井靖史

PRUSIK HAIR&MAKE めぐむ, そうすけ 吉澤真満子 SHARE WILD PROJECT

ウエノチシン 豊住ゆき 相澤真耶 神崎典子 小倉綾子（宮内舎） 川口信光

町家salon&stay 初華 野副瑛美マーガレット 鈴木里欣 佐々木 創士 山﨑 隼

SPECIAL THANKS

くろき まい，ゆい 🌿 柿本禄郎，幹太 🍃 おおのゆうき，りんこ 🌿 西田真朱，浅黄 🌿 Orie 🌿

土屋佳子，あずさ 🍄 桃伽＆知佐子 🐝 SRH.miyamura ⚫⚫⚫ Natsuko Iwasaki 🌿

古乃芭と慶真 🌻 TOMOKO SASAKI 🌿 Ted Howard & Megumi Kumagai 🔺

Cafe Ocean 🌿 丸尾 美由紀 🌻 山舗恭子 🌿 Shoichi Yoshizaki 🍄 藤井佳子（みっちん）

森山佳代 🦑 高橋翔子 🌻 TV管理本部ユニット 🌸 河口緩美 🌿 今井 麻希子 🌿 青田埜々 🌿

OSAMU AKASHI ♂ すみちゃん 🍒 Yukihikaru 🏕 仁木俊文 🌸 Katsunobu Ando 🌿

Miho Okada 🌲 Satomi Okuma 🍃 大月宏美 🌿 岩尾 沙緒梨 🍃 橋本亜弥 🌿 しろまこうみ 🌿

おぐり ひでお 🌿 Kasui ⚫⚫⚫ きよあみくるみ 🌿 櫻井 菜保美 🌻 Elie Tanabe 🌿

穂積奈々 🌿 Kaoru Nakano 🌍 小島識名 🌻 とのおか みのり 🌿 Spice Life dâna 🍄

多田 はるひ 🌿 rumiboo 🦐 Naoko Takayama 🌻 Kayo Matsubara 🌸 ACO YOSHIDA 🌿

Kumiko Kurosaki 🌿 杉浦恵子 🌿 Keiko Murase ♂ ゆか 🍒 島田 聡 🏕 なかじまえり 🌿

Asako Imazeki 🌿 竹内 頌 🌿 N♡N 🍃 こやまみかえ 🌿 井上基 🌿 Takeishi Kohei & Ai

sunachan 🌿 坂本 浩史朗（国分寺カルティベイト） 🌿 小島真悟 ⚫⚫⚫ Show 裳岩尚眼 🌿

Masumi Aso 🌻 日月彩加 🌻 Moena Hosono 🌿 麻衣 🔺 Hirohisa Shimizu 🌻

可偉 🌿 本村 綾 🍄 ふじさん 🌿 たんぽぽヨーガ 🦑 迫 加奈 🌻 田中太貴 🌸 石川咲子 🌿

すべてのはじまり『あま』 🌻 長井雅史 🌿 Kuratch45 ♂ 藤井陽太 🍒 遠藤 富美夫 🏕

中村 暁 🌸 KatsuhiroMiz 🌿 久保 健太郎 🌿 長谷部 郁絵 🍃 Tomomi Suzuki 🍄 しの 🌿

Guesthouse Misosoup 🌿 工藤茂広 🐝 大澤博子 ⚫⚫⚫ 鶴田朋子 🌿 Ayako & Sui

平沢 仁美 🌿 沓名輝政 🔺 naomi 🌿 小出理博 🌻 田並劇場 🌿 tomoca 🍄 ちぱる 🌿

後藤志果 🌿 谷口智子 🌻 伊藤万季 🌻 インターネットラジオ「こっからパーマカルチャー」🌿

土屋実穂 🌿 岩瀬 淑乃 🌿 きら／河合 史惠 ♂ 鈴木直樹，真唯子 🍒 沖の家 -okinoie- 🏕

yumie 🌿 農園かえるの歌 🌿 ヒデ＆ひらめ 🌿 sayo☆fuki☆chino 🍃 きゅうりちゃん 🌿

やんばるシンカヌチャービレッジ 🌿 工藤睦美（三角エコビレッジSAIHATE）🌿 鶴岡龍介 🌿

Mayumi Naka♡ 🌿 むらたしおり ⚫⚫⚫ Akina Suzuki 🌿 ほっけ 🌻 kanno natsumi 🌿

この本の刊行にあたり、ご支援とたくさんのエネルギーを与えてくださったみなさま

sozo 🌿 Sachiko Hirano ⚫⚫⚫ 榊 笙子 🌼 ナカツカ ミカ ◉ もりの楽舎 ことのね 🌿

筑波山 ムクムク ▲ こすぎさなえ 🐦 Ari ☀ Bansi Family 🍄 やすこ 🍄 はたけやまさとみ 🌾

Lata 🪼 キクチヨーコ, ノノカ ◉ Saori Matsuo 🌼 澁谷 都紀子 🐦 小桜恵子 🌾 水野 佳 ◉

のどか (non) 🏹 きじま いちか 🍒 べび 🏠 種をまく大人たち 🌼 Taichi & Misaki A. 🌾

ゆめちゃん 🐘 Koichiro Takegasa 🐦 いおかゆうみと田中雅紀 ☀ Kaneko aki-mina-hana ◉

小野寺 愛（一般社団法人そっか共同代表）🌿 伊藤大悟、桃、杏、玄 🌼 Rie Omino 🍄

中竹佳奈 ⚫⚫⚫ IKUYO KAI 🍄 BRIGHTMAKER 🏹 山本絢心＆山本篡大 🌿 うず ▲

竹野トコ、晴の介 🪶 DENNIS BANKS 🐦 原田和摩、知美 🌼 ちゃこ（江頭桜子）🍄

佐藤大智（自由大学）🍄 面白法人カヤックやなさわ 🍄 西貝瑶子 🪼 Cynthia &Maina 🪼

村上ゆう 🌼 福岡達也 ◉ 門田麦 🐦 辻信一 🏹 円山隆 ◉ Mika Iwaya 🏹 ユウキ ヒロミ ⚫

大槻紘子 🐦 田中秀幸 🌿 つのゆきゑ ▲ ワダキ 🌼 恒平と周平の祖先 🍄 湯浅樺菜 🍄

木下拓己@広報貴族 🌾 きこりん 🪼 宮沢佳恵 🌻 湯浅楓花 🌼 吉川香織，響人，千咲 🪼

さとう なると，さくと，かよ ◉ 加藤恵子 🌼 Taeko Makimura 🌼 德永米祈 🐦 中島綾子 ◉

守田矩子 🏹 松浦華枝 🍒 OTTSUKU 🏠 土屋敦子，勝敬 🌼 原口 康，優子，直生，明生 🪲

市谷理子 🌾 德重朋子 🌲 kaisei 🐦 高田友美 🌿 じゅんじゅん ◉ yunico 🌿 たもつ♡かずみ 🪼

河内正好，みすず 🏹 許 敬華 🌿 小西琴美 ⚫⚫⚫ Aiko Carina Isopp 🍄 糧（kentaooe）🌿

玉置典代 ▲ 溝口 つばさ 🌼 三栗祐己 🍄 LOVE GARDEN 🍄 布施眞子 🍄 Mika Izumi 🪼

豊満徳樹 🪼 山口源忠 ◉ いっちー 🌼 渋谷和寿 🐦 IKUE IKEDA 🐦 Sachiko Kaneko ◉

こくぼひろし 🌿 井上牧子 ▲ 神通一仁 ◉ 矢野 明 🍄 中村 龍太郎 🍄 西田 又紀二

酒井麻里 🏹 daisuke, miki, ojiro, chiyuri 🍒 Fumiko Yamamoto 🏠 SasaharaTsukasa 🌿

カノンケント 🐦 Maiko Jo 🌼 西村千恵，光篤，英篤（FARM CANNING）🌿 Ikawa.s 🌿

綾部 siz 淑 ⚫⚫⚫ ミチマサ ナカヤマ 🍄 MaboTomoTaiga:) 🌼 本多智子 🌿 omiomi 🌿

古田直美 🏠 のん(@高遠) 🌿 内山隆 🐦 冨田貴史

Thank you !

みんなのちきゅうカタログ

2018年 7月 8日　第1刷発行
2022年 5月11日　第6刷発行

監修

ソーヤー海

文

福岡 梓（東京アーバンパーマカルチャー）

絵

川村若菜（表紙 / 本文）
佐藤工業（本文）

ディレクション・編集

藤井麗美（東京アーバンパーマカルチャー）
藤井惺玄（東京アーバンパーマカルチャー）
後藤佑介（TWO VIRGINS）
小宮 萌（TWO VIRGINS）
齋藤徳人（TWO VIRGINS）
黒川英和（TWO VIRGINS）

デザイン

安野真理恵

営業

神永泰宏（TWO VIRGINS）
住友千之（TWO VIRGINS）

ご協力

堀口博子
（エディブル・スクールヤード・ジャパン代表）
テンダー（ヨホホ研究所）

発行者

内野峰樹

発行所

株式会社トゥーヴァージンズ
住所：〒102-0073
　　　東京都千代田区九段北4-1-3-8F
電話：03-5212-7442
FAX：03-5212-7889
info@twovirgins.jp

印刷・製本

株式会社シナノ

© 2018 Tokyo Urban Permaculture /
Two Virgins Co., Ltd.
Printed in Japan
ISBN　978-4-908406-18-8　C8037